CATÉCHISME

OU

RECUEIL

DES LOIS PÉNALES.

A Pau, de l'imprimerie de Veronese.

CATÉCHISME

OU

RECUEIL

DES LOIS PÉNALES.

PRÉCÉDÉ

Des crimes et délits commis dans les édifices ou sur les objets consacrés à la religion catholique ou aux autres cultes légalement établis en France, et de quelques délits et peines militaires et maritimes; par demandes et par réponses.

PAR

M. B. D'ANGLETERRE,

Capitaine, Adjudant-Major de place, Chevalier du Brassard.

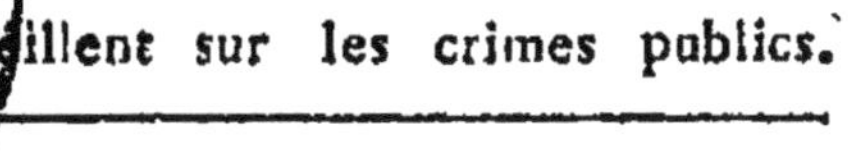

La religion veille sur les crimes secrets;
Les lois veillent sur les crimes publics.

SE VEND

CHEZ L'AUTEUR, A NAVARRENX,
Et chez les libraires du Département.

Tous les exemplaires de cet ouvrage qui ne seront pas revêtus de ma signature et de mon sceau, seront réputés contrefaits.

PRÉFACE.

Le désir sincère que j'ai d'être utile à l'humanité m'a déterminé à mettre au jour ce Catéchisme, dans lequel j'ai cherché à réunir tous les principaux articles qui peuvent servir à guider et tranquilliser la conscience des jeunes gens. Le langage familier que j'y ai employé me fait espérer que les lecteurs comprendront facilement tout ce qu'il renferme.

Je n'entrerai ici dans aucun détail sur la manière dont les choses sont traitées dans ce Catéchisme; je dirai seulement qu'il ne ressemble à aucun de ceux qu'on a faits jusqu'à présent. Mais la manière dont il est traité ne doit pas être son seul avantage; il faut encore qu'il soit le plus simple et le plus naturel.

Heureux si, par mes faibles lumières, j'ai atteint le but que je me suis proposé.

AVERTISSEMENT.

L'ÉTAT ecclésiastique d'après la vocation qu'il en a reçu de l'Être Suprême, et lorsque la religion chrétienne fut reconnue en France pour celle de l'État, le clergé composa un livre sous le titre de Catéchisme, afin d'instruire la jeunesse, en lui donnant les premiers élémens de la religion que nous professons, et en l'exhortant à vivre dans la chrétienté. Ce catéchisme, fait avec vérité, dont les principes moraux ne peuvent que contribuer à maintenir cette jeunesse dans la voie du salut, en adorant Dieu, étant soumise à leur père et mère, est le seul moyen de sauver son âme. Mais pendant son existence entière, il faut aussi qu'elle étudie à se préserver des toutes les passions dont elle est susceptible. Le catéchisme ecclésiastique ne parle que de prier et d'adorer Dieu; il ne dit point: si vous commettez tel crime, votre corps subira tel châtiment; ce qui est de la plus haute importance dans le siècle où nous vivons.

Les peuples qui oublient trop, et trop tôt ne sont ni assez instruits, ni assez corrigés. Les crimes qui se commettent tous les jours le prouvent. Il est donc utile d'éclairer les hommes, qui, faute de connaissance, se laissent entraîner dans l'abîme : c'est pour éviter ce malheur que j'ai composé un catéchisme qui est par demandes et par réponses. Ce catéchisme indiquera la route qu'il faut suivre pour être honnête homme. Ce livre répandu dans le public, évitera que de nombreuses familles ne se trouvent plus déshonorées par la faute de leurs enfans, manquant d'instruction sur ce point essentiel. Il n'est point un père de famille qui puisse se passer d'un livre si important, s'il veut conserver l'honneur de sa génération. Les instituteurs apprendront à leurs élèves à ne jamais s'écarter de la route de l'honneur. Les personnes des campagnes où il existe moins d'instruction que dans nos villes, en ont le plus grand besoin ; car un paysan ne se fait aucun scrupule de voler son voisin, (1) ne connaissant point ce qu'il doit

(1) Un malheureux paysan des environs de Pau va nuitamment dans le jardin de son voisin pour lui vo-

encourir, s'il est pris sur le fait. Un cultivateur qui saura lire, le lira à son voisin qui ne le sait pas ; cela évitera bien des vols qui se commettent journellement faute d'instruction.

Le principe de l'animation est sans contredit un des plus impénétrable secrets du créateur ; mais dans son ineffable bonté, il a, ce semble, permis à l'homme de connaître le principal moteur de sa vie, et le conduit comme par la main, pour lui indiquer la voie par où il peut parvenir à la connaissance du bien et du mal.

A ce titre quel droit l'homme n'a-t-il pas à la reconnaissance et aux hommages, de l'être qu'il daigne créer à son image ? L'enfant reçut de l'auteur de ses jours les prin-

ler des légumes ; le propriétaire entendant du bruit va voir ce qui en est cause ; arrivé dans son jardin, il y trouve un individu, qui, sans se gêner, lui coupait ses choux avec une serpette. Le propriétaire crie au voleur et veut arrêter l'individu, qui se défend ; cherchant à se sauver, il fait en se debattant une égratignure à la figure du propriétaire ; on l'arrête, on le conduit en prison : traduit à la Cour d'assises, les jurés n'écartent pas les circonstances aggravantes, le condamnent aux galères à perpétuité, attendu qu'il y a escalade et préméditation d'assassinat.

cipes de sa vie et les principes de sa fin : parvenu à l'âge viril il les transmet dès qu'il les a reçus ; et c'est de cette translation que dépend le bonheur, et la tranquillité des familles.

Et pour que l'homme arrive à ce bonheur, qu'il se conduise d'après le principes de ce catéchisme, il est sûr de ne jamais commettre de fautes, et s'il en commet, ce ne sera jamais sans connaissance de cause.

Un prévenu qui sera traduit au tribunal, les juges n'auront qu'à lui demander, s'il sait lire, si le prévenu répond que oui, on lui demandera, s'il a lu le Catéchisme, ou le Recueil des lois pénales ; si le prévenu répond qu'il en a eu quelque connaissance, on lui dira : vous connaissez donc la peine que vous devez encourir, en commettant votre crime ; nous n'avons rien à y ajouter, vous vous êtes condamné vous-même. Si le prévenu répond qu'il ne sait pas lire, on lui répondra : vos parens et vos amis le savent surement, il n'est pas de l'un d'eux qui ne vous en aient instruit ; si vous êtes dans la peine c'est votre faute.

O France ! le plus beau jardin de l'Univers, est-il possible qu'il y vienne des arbres avec la tête envenimée, et que l'on soit obligé, pour détruire ce germe corrupteur, de se servir des lois qui répugnent à la nature, dans un royaume où les étrangers de toutes les contrées de l'Europe viennent pour s'instruire? Que doivent-ils penser, en lisant nos feuilles périodiques où souvent il y a une page remplie de jugemens plus ou moins graves, portés contre une foule d'individus, qui, s'ils avaient connu la peine qu'ils devaient encourir avant de commettre leurs crimes, ne les auraient pas commis.

Et vous malheureux qui commettez tant de forfaits, qui déshonorez vos familles, sous un gouvernement où il existe les plus belles institutions, où il ne manque point de travaux; que ne vous adressez-vous à vos magistrats; si par vos infirmités ou toute autre cause reconnue, vous ne pouvez subvenir à votre subsistance, ils s'empresseront de vous secourir.

Sous le règne du meilleur des rois et de sa famille, qui, tous les jours, répandent mille bienfaits, en soulageant des milliers de malheureux; lisez les journaux, vous y verrez les dons qu'ils font; mais ce n'est rien en comparaison de ce qu'ils donnent, dont le public n'a point de connaissance; de plus chaque membre de la famille royale a une liste de personnes qui reçoivent journellement des secours.

Voilà donc, mes chers lecteurs, les charités que font ces augustes personnages : j'ai voulu vous en donner une petite description, en cas que vous l'ignoriez; mais dites-vous sans cesse à vous-même : que Dieu conserve la dynastie des Bourbons à la France, tant que le monde sera monde.

La science est le précieux héritage qu'un père puisse transmettre à ses enfans, elle détourne des vices honteux, et leur assure la considération publique, et les appelle aux premiers honneurs.

Heureux ceux qui jeunes encore, réunissent quelque talent, et ont le désir de s'instruire; en s'y appliquant, ils braveront les revers de la fortune et ses caprices; car tandis que les flots courroucés, avec eux arriveront en bon port, ils ne seront jamais malheureux, certains de trouver partout des bienfaiteurs et des amis.

Jeunes gens, ne négligez donc pas les moyens si nobles d'améliorer votre sort, en vous assurant d'avance un heureux avenir ; apprenez que souvent l'on en connaît le prix, lorsqu'on n'est plus en même de le cultiver ; c'est alors que mûri par les années, instruit à l'école de l'expérience, l'homme désabusé reporte ses regards inquiets sur une jeunesse qui n'est plus. Alors il dit : que ne me suis-je appliqué à l'étude ; ce premier temps de la vie que j'ai consacré à des amusemens frivoles, à des passions ruineuses, j'en ferais bien un meilleur usage aujourd'hui, mais les jours envolés ne reviennent plus, l'âge du travail a disparu ; on n'a plus le courage de semer à une époque où l'on devrait recueillir.

Pères et mères suivez cet exemple ; encouragez vos enfans à s'instruire à l'habitude du travail; (1) par ce moyen ils pourront vous seconder dans votre viellesse ; mais gardez-vous de faire comme plusieurs pères et mères, qui, pour punir leurs enfans qui ont commis quelque faute grave, vont trouver le maire de leur commune, pour obtenir une autorisation de les faire mettre dans une pri-

(1) L'amour du travail repousse les vices qu'enfante l'oisiveté, et présente ses solides garanties des vertus religieuses et sociales.

son ; c'est une grande faute qu'ils commettent. Par ce moyen dangereux ils endurcissent leurs enfans aux crimes ; ils ne reçoivent dans ces sortes de maisons que de mauvais conseils, n'étant habitées que par des mauvais sujets : j'en ai connu qui ayant passé un mois enfermés, sitôt après leur sortie ont commis des vols ; et s'ils avaient resté chez eux, ils n'auraient point commis ces fautes. Ce n'est point en incarcérant ni en frappant les enfans qu'on leur donne de bons principes ; insinuez-leur la crainte de Dieu et la justice des hommes. Lorsqu'ils savent lire, prenez garde qu'ils ne lisent des livres impies, c'est-à-dire, qui corrompent les mœurs ; et écartez-les toujours des mauvaises compagnies ; c'est le seul moyen d'en faire d'honnêtes gens.

Du Paradis, du Purgatoire et de l'Enfer.

Le catéchisme ecclésiastique traite du paradis, du purgatoire et de l'enfer, où doivent se rendre les âmes des chrétiens après leur mort, mais le Catéchisme ou le Recueil des lois pénales traite aussi du paradis, du purgatoire et de l'enfer, tant que les hommes existeront sur la terre.

D. *Qu'est-ce que le paradis selon le catéchisme ecclésiastique?*

R. C'est la demeure éternelle des bienheureux.

D *Qu'est-ce que le paradis de l'homme selon le Catéchisme ou le Recueil des lois pénales?*

R. C'est être honnête homme, ne point vouloir de mal à son prochain, n'avoir point d'ambition, savoir se contenter de ce que l'on a, adorer son Dieu, aimer son Roi et sa patrie, en un mot, savoir bien vivre pour savoir bien mourir : de cette manière vous sauverez votre corps des plus affligeans tourmens,

D. *Qu'est-ce que le purgatoire selon le catéchisme ecclésiastique?* (1)

R. C'est une prison pleine de feu, où sont envoyées les âmes de ceux qui n'ont pas pleinement satisfait à la justice de Dieu.

D. *Qu'est-ce que le purgatoire de l'homme*

(1) D'après le catéchisme ecclésiastique, lorsqu'une âme est en purgatoire, par les prières et les aumônes que font les fidèles sur la terre, Dieu commue les peines qu'il croit les mieux méritées, pour la faire entrer en paradis.

selon le Catéchisme ou le Recueil des lois pénales ? (1)

R. C'est l'ambition que certains hommes ne cessent d'avoir en voulant envahir le bien de leur prochain, en le trompant, et en prenant des engagemens qu'ils ne peuvent pas remplir, et par ce moyen, poursuivis par la justice; leur ambition les tourmente au point que souvent ils commettent des vols qui finissent par les faire arrêter : traduits devant les tribunaux, si la peine n'est point infamante, ils subissent la peine plus ou moins de tems, selon la gravité de leur crime. Lorsque le tems de leur détention est terminé, ils rentrent chez eux, mais ils n'en sont point corrigés; au contraire, tout le tems qu'ils ont été incarcérés, ils se sont tout-à-fait démoralisés par les mauvaises connaissances qu'ils ont fait dans ces sortes de maisons; n'étant toujours qu'en mauvaises compagnies,

(1) Selon le Catéchisme ou le Recueil des lois pénales, le roi pardonne les peines des prisonniers qui se sont bien comportés dans la prison; mais d'après leur condamnation, ils ne peuvent obtenir cette grâce qu'en observant bien leur religion, et en promettant une résignation absolue.

perdant l'habitude du travail, ils finissent par retomber dans des fautes plus graves qui les précipitent dans l'enfer.

D. *Qu'est-ce que l'enfer selon le catéchisme ecclésiastique ?*

R. C'est une prison horrible et affreuse, remplie de feu et de toutes sortes de supplices réservés à ceux qui meurent en péché mortel.

D. *Qu'est-ce que l'enfer de l'homme selon le Catéchisme ou le Recueil des lois pénales ?*

R. C'est la peine que subiront les personnes qui commettront des crimes et des délits infamans, comme on le verra d'après les demandes et les réponses ci-après. Tout individu qui commettra les crimes ci-dessus énoncés, sera traduit devant le tribunal criminel : voici les tourmens qu'il éprouvera. Tout prévenu, accusé de crime, sera traduit en prison comme criminel; il couchera sur la paille, s'il n'a pas d'argent, il sera au pain et à l'eau; il restera dans cette position tout le temps que l'on instruira sa procédure : traduit en jugement, il sera amené dans la salle du conseil, accompagné de la gendarmerie. Que l'on juge de l'individu qui est entre la vie et la mort; on n'a qu'à l'examiner, on verra son corps trembler, sa figure décomposée au point qu'on lui voit souvent grincer les dents. Voilà où commence le premier tourment de l'enfer de l'homme vivant. Quelquefois, après douze ou quinze heures de procédure les jurés vont dans leur salle de délibération pour aller aux opinions, où ils restent trois ou quatre heures. Enfin les jurés rentrent dans la salle du conseil; le président prononce à haute voix la condamnation du prévenu, soit qu'on le condamne à mort ou aux galères. La sentence prononcée, les gendarmes s'en emparent, le reconduisent en prison, le geôlier s'en empare à son tour, et les valets du geôlier semblables aux démons de l'enfer, attendent leur proie, tenant dans leurs mains, l'un un anneau de fer, l'autre une barre de fer qu'il joint à l'anneau; enfin il met le tout à la jambe du condamné; ensuite il le met dans le cachot le plus noir, n'ayant communication avec qui que ce soit, couché à terre sur la paille, au pain et à l'eau; il reste dans cette position jusqu'à ce qu'il soit amené dans les villes où sont réunis tous les galériens pour les travaux forcés.

Quelques jours avant leur départ on leur met un collier de fer au cou; en outre on y joint une grosse chaîne pour les attacher de deux en deux; ils arrivent dans cet équipage à leur destination, et sitôt leur arrivée ils sont renfermés avec les autres condamnés: (1) dès le lendemain on les met aux travaux les plus dégoûtans de la ville; de plus ils y sont gardés par des hommes

(1) Un des condamnés voulut se révolter contre un des gardes, on lui fit un nouveau jugement; il fut condamné à mort. On dressa la guillotine sur la grande place de la ville: le jour de l'exécution, on y fit venir tous les galériens; on les fit mettre devant l'échafaud, tête nue; on chargea deux canons à mitrailles; les troupes de la garnison derrière eux chargèrent leurs armes; les galériens restèrent dans cette position jusqu'à ce que l'exécution fût terminée.

Malheureux, qui commettez tant de crimes, réfléchissez donc avant de les commettre. Lisez et tremblez, ou vous serez dans l'enfer tout le temps que vous existerez, et votre âme n'en sera pas moins damnée dans l'éternité.

Grand Dieu! de nos attentats injustes
Quel fruit nous en est-il resté?
Où sont les titres augustes
Dont notre orgueil s'est flatté?
Sans amis et sans défense,

armés, et s'ils cherchent à s'évader, on fait feu sur eux, et s'ils raisonnent ils reçoivent des coups de bâton.

Du trône de la vengeance,
Appelés en jugement,
Faibles et tristes victimes,
Nous y venons, de nos crimes
Accompagnés seulement.

CATÉCHISME

OU

RECUEIL DES LOIS PÉNALES.

DISPOSITIONS PRÉLIMINAIRES.

Loi décrétée le 12 février 1810, promulguée le 22 du même mois.

D. *Quelles sont les infractions qui se punissent par les lois de peines de police?*

R. En voici trois :

La première que les lois punissent des peines de police est une contravention.

La seconde que les lois punissent des peines correctionnelles est un délit.

Enfin la troisième infraction que les lois punissent d'une peine afflictive ou infamante, est un crime.

D. *Toute tentative de crime, qu'est-elle considérée par la loi?*

R. Toute tentative de crime qui aura été manifestée par des actes extérieurs et suivie d'un commencement d'exécution, si elle n'a été suspendue ou n'a manqué son effet que par des circonstances fortuites ou indépendantes de la volonté de l'auteur, est considérée comme le crime même.

D. *Les tentatives de délits sont-elles considérées comme délits ?*

R. Elles ne sont considérées comme délits, que dans les cas déterminés par une disposition spéciale de la loi.

D. *La contravention, délit et crime peuvent-ils être punis par la loi ?*

R. Nulle contravention, nul délit, nul crime ne peuvent être punis de peines qui n'étaient pas prononcées par la loi avant qu'ils fussent commis.

D. *Les dispositions du présent Catéchisme, ou Recueil des lois pénales s'appliquent-elles aux contraventions ?*

R. Elles s'appliquent à quelques contraventions, délits et peines militaires et maritimes.

LIVRE PREMIER.

DES PEINES EN MATIÈRE CRIMINELLE ET DE LEURS EFFETS.

Suite de la loi du 22 février 1810.

D. *Quelles sont les peines en matière criminelle?*

R. Les peines en matière criminelle sont afflictives et infamantes ou seulement infamantes.

D. *Quelles sont les peines afflictives et infamantes?*

R. Elles sont, 1.° la mort; 2.° les travaux forcés à perpétuité; 3.° la déportation; 4.° les travaux forcés à temps; 5.° la réclusion, la marque et la confiscation générale (1) peuvent être prononcées concurremment avec une peine afflictive, dans les cas déterminés par la loi.

(1) La peine de la confiscation des biens est abolie, et ne pourra être rétablie.

D. *Quelles sont les peines infâmantes ?*

R. Elles sont, 1.° le carcan; 2.° le banissement; 3.° la dégradation civique.

D. *Quelles sont les peines en matière correctionnelle ?*

R. Elles sont, 1.° l'emprisonnement à temps dans un lieu de correction; 2.° l'interdiction à temps de certains droits civiques, civils ou de famille; 3.° l'amende.

Des peines en matière criminelle.

D. *Tout condamné à mort aura-t-il la tête tranchée ?*

R. Oui.

D. *Le coupable condamné à mort pour parricide, sera-t-il conduit sur le lieu de l'exécution, en chemise, nu-pieds, et la tête couverte d'un voile noir ?*

R. Oui. Il sera aussi exposé sur l'échafaud pendant qu'un huissier fera au peuple lecture de l'arrêt de condamnation; il aura ensuite le poing droit coupé, et sera immédiatement exécuté à mort.

D. *Les corps des suppliciés seront-ils délivrés à leurs familles, si elles le réclament ?*

R. Ils le seront à la charge par elles de les faire inhumer sans aucun appareil.

D. *Les hommes condamnés aux travaux forcés, comment y seront-ils employés ?*

R. Ils y seront employés aux travaux les plus pénibles ; il traîneront à leurs pieds un boulet, ou ils seront attachés deux à deux avec une chaîne, lorsque la nature du travail auquel ils seront employés le permettra.

D. *Où seront employées les femmes et les filles condamnées aux travaux forcés ?*

R. Dans l'intérieur d'une maison de force.

D. *En quoi consiste la peine de la déportation ?*

R. Elle consiste à être transporté et à demeurer à perpétuité dans un lieu déterminé par le gouvernement, hors du territoire continental de la France

Si le déporté rentre sur le territoire du royaume il sera, sur la seule preuve de son identité, condamné aux travaux forcés à perpétuité.

Le déporté qui ne sera pas rentré, mais qui sera saisi dans des pays occupés par les armées françaises, sera conduit dans le lieu de sa déportation.

D. *Les condamnations aux travaux forcés à perpétuité et à la déportation, emporteront-elles mort civile ?*

R. Oui. Néanmoins le gouvernement pourra accorder au déporté, dans le lieu de la déportation, l'exercice des droits civils ou de quelques-uns de ces droits.

D. *Pour combien de temps la condamnation à la peine des travaux forcés à temps sera-t-elle prononcée?*

R. Pour cinq ans au moins, et vingt ans au plus.

D. *Quiconque aura été condamné à la peine des travaux forcés à perpétuité, sera-t-il flétri sur la place publique, par l'application d'une empreinte avec un fer brûlant sur l'épaule droite?*

R. Oui. Autrement les condamnés à d'autres peines ne subiront la flétrissure que dans les cas où la loi l'aurait attachée à la peine qui leur est infligée. Cette empreinte sera des lettres T. P. pour les coupables condamnés aux travaux forcés à perpétuité; de la lettre T. pour les coupables condamnés aux travaux forcés à temps, lorsqu'ils devront être flétris, la lettre F. sera ajoutée dans l'empreinte, si le coupable est un faussaire.

D. *Tout individu de l'un ou de l'autre sexe, condamné à la peine de la réclusion, sera-t-il renfermé dans une maison de force?*

R. Oui, et employé à des travaux dont le produit pourra être en partie appliqué à son profit, ainsi qu'il sera réglé par le gouvernement. La durée de cette peine sera au moins de cinq ans et de dix ans au plus.

D. *Quiconque aura été condamné à l'une des peines des travaux forcés à perpétuité, des travaux forcés à temps ou de la réclusion, avant de subir sa peine, sera-t-il attaché au carcan sur la place publique?*

R. Oui, il y demeurera exposé aux regards du peuple durant une heure : au-dessus de sa tête sera placé un écriteau portant, en caractères gros et lisibles, ses noms, sa profession, sa peine et la cause de sa condamnation.

D. *Comment se comptera la durée de la peine des travaux forcés à temps?*

R. Du jour de l'exposition.

D. *De quelle manière la condamnation à la peine du carcan sera-t-elle exécutée?*

R. De la manière prescrite ci-dessus.

D. *Quelque condamnation que ce soit pourra-t-elle être exécutée les jours de fêtes nationales ou religieuses, ou les dimanches?*

R. Aucune condamnation ne pourra être

exécutée les jours de fêtes nationales ou religieuses, ni les dimanches.

D. *Où se fera l'exécution?*

R. Elle se fera sur l'une des places publiques du lieu qui sera indiqué par l'arrêt de condamnation.

D. *Si une femme condamnée à mort se déclare, et s'il est vérifié qu'elle est enceinte subira-t-elle la peine avant ou après sa délivrance?*

R. Elle ne la subira qu'après sa délivrance.

D. *Quiconque aura été condamné à la peine des travaux forcés à temps, du bannissement, de la réclusion ou du carcan, pourra-t-il jamais être juré ou expert?*

R. Non, ni même être employé comme témoin dans les actes, ni déposer en justice autrement que pour y donner de simples renseignemens. De plus il sera incapable de tutelle et de curatelle, si ce n'est au moins de ses enfans et sur l'avis seulement de sa famille. Il sera encore déchu du droit de port d'armes, et du droit de servir dans les armées du Roi.

D. *Quiconque aura été condamné à la peine des travaux forcés à temps, ou de la réclusion, sera-t-il de plus, pendant la durée de la peine, en état d'interdiction légale?*

R. Oui, il lui sera nommé un curateur pour gérer et administrer ses biens dans les formes prescrites pour la nomination des tuteurs aux interdits.

D. *Les biens du condamné lui seront-ils remis avant ou après qu'il aura subi sa peine?*

R. Ils lui seront remis après qu'il aura subi sa peine, et le curateur lui rendra compte de son administration.

D. *Pendant la durée de la peine pourra-t-il lui être remis quelque somme?*

R. Il ne pourra lui en être remis aucune, ni aucune provision, ni même aucune portion de ses revenus.

D. *Quiconque aura été condamné au bannissement, sera-t-il transporté par ordre du gouvernement hors du territoire du royaume?*

R. Oui, la durée du bannissement sera au moins de cinq années, et de dix années au plus.

D. *Si le banni, durant le temps de son bannissement, rentre sur le territoire du royaume, sera-t-il condamné sur la seule preuve de son identité?*

R. Oui, il sera condamné à la peine de la déportation.

D. *En quoi consiste la dégradation civique?*

R. La dégradation civique consiste dans la destitution et l'exclusion du condamné de toutes les fonctions ou emplois publics, et dans la privation de tous les droits civils.

D. *Quand et comment se comptera la durée du bannissement?*

R. La durée du bannissement se comptera du jour où l'arrêt sera devenu irrévocable.

D. *Tous les arrêts qui porteront la peine de mort, des travaux forcés à perpétuité ou à temps, la déportation, la réclusion, la peine du carcan, le bannissement et la dégradation civique, seront-ils imprimés par extrait?*

R. Ils le seront : en outre ils seront affichés dans la ville centrale du département, dans celle où l'arrêt aura été rendu, dans la commune du lieu où le délit aura été commis, dans celle où se fera l'exécution et dans celle du domicile du condamné.

DES PEINES DE LA RÉCIDIVE POUR CRIMES ET DÉLITS.

D. *Quiconque ayant été condamné pour crime, aura commis un second crime emportant la dégradation civique, sera-t-il condamné à la peine du carcan?*

R. Oui. Si le second crime emporte la peine du carcan ou du bannissement, il sera condamné à la peine de la réclusion; si le second crime entraîne la peine de la réclusion, il sera condamné à la peine des travaux forcés à temps et à la marque; si le second crime entraîne la peine des travaux forcés à temps ou à la déportation, il sera condamné à la peine des travaux forcés à perpétuité; si le second crime entraîne la peine des travaux forcés à perpétuité, il sera condamné à la peine de mort.

LIVRE II.

Des personnes punissables, excusables ou responsables, pour crimes ou pour délits.

Loi décrétée le 13 février 1810, promulguée le 23 du même mois.

Chapitre unique.

D. *Ceux qui sciemment auront recélé, en tout ou en partie, des choses enlevées, dé-*

tournées ou obtenues à l'aide d'un crime ou d'un délit, seront-ils punis comme complices?

R. Ils seront punis comme complices de ce crime ou délit.

D. *Néanmoins, et à l'égard des recéleurs désignés dans l'article précédent, la peine de mort, des travaux forcés à perpétuité, ou de la déportation, lorsqu'il y aura lieu, leur sera-t-elle appliquée?*

R. Elle ne leur sera appliquée qu'autant qu'ils seront convaincus d'avoir eu, au temps du recélé, connaissance des circonstances auxquelles la loi attache les peines de ces trois genres; sinon il ne subiront que la peine des travaux forcés à temps.

D. *Ya-t-il crime et délit, lorsque le prévenu était en état de démence au temps de l'action?*

R. Il n'y a ni crime ni délit, lorsque le prévenu était en état de démence au temps de l'action, ou lorsqu'il a été contraint par une force à laquelle il n'a pu résister.

D. *Quelque crime ou délit que ce soit peut-il être excusé?*

R. Il ne peut être excusé, ni même la peine mitigée, que dans le cas et dans les circonstances où la loi déclare le fait excusable, ou permet de lui appliquer une peine moins rigoureuse.

D. *Lorsque l'accusé aura moins de seize ans, s'il est décidé qu'il a agi sans discernement, sera-t-il acquitté?*

R. Oui; mais il sera, selon les circonstances, remis à ses parens, ou conduit dans une maison de correction pour y être élevé et détenu pendant tel nombre d'années que le jugement déterminera, et qui toutefois ne pourra excéder l'époque où il aura accompli sa vingtième année.

D. *S'il est décidé qu'il a agi avec discernement, quelles seront les peines?*

R. S'il a encouru la peine de mort, des travaux forcés à perpétuité ou de la déportation, il sera condamné à la peine de dix à vingt ans d'emprisonnement dans une maison de correction; s'il a encouru la peine des travaux forcés à tempe ou de la réclusion, il sera condamné à être renfermé dans une maison de correction pour un temps égal au tiers au moins, et à la moitié au plus de celui auquel il aurait pu être condamné à l'une de ces peines. Dans tous ces cas il pourra être mis, par l'arrêt ou le jugement, sous la surveillance de la haute police pendant cinq ans au moins et dix ans au plus; s'il a encouru la peine du carcan ou du bannissement, il sera condamné à être enfermé, d'un an à cinq ans, dans une maison de correction.

D. *Le condamné subira-t-il, dans aucun cas, l'exposition publique?*

R. Dans aucun des cas prévus par l'article précédent, le condamné ne subira l'exposition publique.

D. *Si le coupable n'a encouru qu'une peine correctionnelle, pourra-t-il être condamné à telle peine correctionnelle qui sera jugée convenable?*

R. Oui, pourvu qu'elle soit au-dessous de de la moitié de celle qu'il aurait subie s'il avait eu seize ans.

D. *Les peines des travaux forcés à perpétuité, de la déportation et des travaux forcés à temps, seront-elles prononcées contre quelque individu âgé de soixante-dix ans accomplis au moment du jugement?*

R. Elles ne seront prononcées contre aucun individu âgé de soixant-dix ans accomplis au moment du jugement.

D. *Par quoi ces peines seront-elles remplacées?*

R. Elles seront remplacées, à leur égard, par

celle de la réclusion, soit à perpétuité, soit à temps, et selon la durée de la peine qu'elle remplacera.

D. *Tout condamné à la peine des travaux forcés à perpétuité ou à temps, dès qu'il aura atteint l'âge de soixante-dix ans accomplis, en sera-t-il relevé ?*

R. Oui, et sera renfermé dans une maison de force pour tout le temps à expirer de sa peine, comme s'il n'eût été condamné qu'à la réclusion.

LIVRE III.

DES CRIMES CONTRE LA SURETÉ INTÉRIEURE DE L'ÉTAT.

DES ATTENTATS ET COMPLOTS DIRIGÉS CONTRE LE ROI ET LA FAMILLE ROYALE.

D. *L'attentat ou le complot contre la vie ou contre la personne du roi, est-il crime de lèse-majesté ?*

R. Oui; ce crime est puni comme parricide,

et emporte de plus la confiscation des biens.

D. *L'attentat ou le complot contre la vie ou contre la personne des membres de la famille royale, l'attentat ou le complot dont le but sera, soit de détruire ou de changer le gouvernement ou l'ordre de successibilité au trône, soit d'exciter les citoyens ou habitans à s'armer contre l'autorité royale, comment seront-ils punis?*

R. Ils seront punis de la peine de mort et de la confiscation des biens.

D. *De quelle manière y a-t-il attentat?*

R. Il y a attentat dès qu'un acte est commis ou commencé pour parvenir à l'exécution de ces crimes, quoiqu'ils n'aient pas été consommés.

D. *Y a-t-il complot dès que la résolution d'agir est concertée et arrêtée entre deux conspirateurs ou un plus grand nombre?*

R. Oui, quoiqu'il n'y ait pas eu d'attentat.

D. *S'il n'y a pas eu de complot arrêté, mais une proposition faite et non agréée d'en former un pour arriver au crime mentionné dans l'article précédent, celui qui aura fait une telle proposition sera-t-il puni de la réclusion?*

R. Oui; l'auteur de toute proposition non agréée tendant à l'un des crimes énoncés plus haut, sera puni du bannissement.

DE LA RÉVÉLATION ET DE LA NON RÉVÉLATION DES CRIMES QUI COMPROMETTENT LA SURETÉ INTÉRIEURE OU EXTÉRIEURE DE L'ÉTAT.

D. *Toutes personnes qui ayant eu connaissance de complots formés ou de crimes projetés contre la sureté intérieure ou extérieure de l'Etat, qui n'en auront pas instruit l'autorité, comment seront-elles punies?*

R. Les personnes qui n'auront pas fait la déclaration de ces complots ou crimes, et n'auront pas révélé au gouvernement ou aux autorités administratives ou de police judiciaire, les circonstances qui en seront venues à leur connaissance, le tout dans les vingt-quatre heures qui auront suivi ladite connaissance, seront, lors même qu'elles seront reconnues exemptes de complicité, punies pour le seul fait de non révélation, de la manière et selon les distinctions qui suivent.

D. *S'il s'agit du crime de lèse-majesté, tout individu qui, au cas de l'article précédent, n'aura point fait les déclarations qui y sont prescrites, sera-t-il puni de la réclusion?*

R. Oui.

D. *A l'égard des autres crimes ou complots mentionnés au présent chapitre, toute personne qui, en étant instruite, n'aura point fait les déclarations prescrites, de quoi sera-t-il puni?*

R. Il sera puni d'un emprisonnement de deux à cinq ans, et d'une amende de cinq cent cent francs à deux mille francs.

D. *Celui qui aura eu connaissance desdits crimes ou complots non révélés, sera-t-il admis à excuse?*

R. Il ne sera point admis à excuse, sur le fondement qu'il ne les aurait point approuvées, ou même qu'il s'y serait opposé et aurait cherché à en dissuader leurs auteurs.

D. *Néanmoins si l'auteur du complot ou crime est époux, même divorcé, (1) ascen-*

(1) Loi du 8 mri 1816. Le divorce est aboli.

dant ou descendant, frère ou sœur, ou allié aux mêmes degrés de la personne prévenue de réticence, sera-t-elle sujette aux peines portées par les articles précédents?

R. Celle-ci ne sera point sujette aux peines portées par les articles précédents; mais elle pourra être mise, par l'arrêt ou le jugement, sous la surveillance de la haute police pendant un temps qui n'excèdera point dix ans.

D. *Ceux des coupables seront-ils exemptés des peines prononcées contre les auteurs de complots ou d'autres crimes attentatoires à la sureté intérieure de l'État?*

R. Oui, ceux des coupables qui, avant toute exécution ou tentative de ces complots ou de ces crimes, et avant toutes poursuites commencées, auront les premiers donné aux autorités administratives ou judiciaires connaissance de ces complots ou crimes et de leurs auteurs ou complices, ou qui, même depuis le commencement des poursuites, auront procuré l'arrestation desdits auteurs ou complices.

Les coupables qui auront donné ces connaissances ou procuré ces arrestations, pourront néanmoins être condamnés à rester pour la vie ou à temps sous la surveillance spéciale de la haute police.

CRIMES ET DÉLITS CONTRE LA CHARTE CONSTITUTIONNELLE.

CRIMEES ET DÉLITS RELATIFS A L'EXERCICE DES DROITS CIVIQUES.

D. *Lorsque par attroupement, voies de de fait ou menaces, on aura empêché un ou plusieurs citoyens d'exercer leurs droits civiques, comment sera puni le coupable?*

R. Il sera puni d'un emprisonnement de six mois au moins, et de deux ans au plus, et de l'interdiction du droit de voter et d'être éligible pendant cinq ans au moins et dix ans au plus.

D. *Si ce crime a été commis par suite d'un plan concerté, quelle sera la peine?*

R. Si ce crime a été commis par suite d'un plan concerté pour être exécuté, soit dans le royaume, soit dans un ou plusieurs départemens, soit dans un ou plusieurs arrondissemens, la peine sera le bannissement.

D. *Qui sera puni de la peine du carcan?*

R. Tout citoyen, qui, étant chargé dans un scrutin, du dépouillement des billets contenant les suffrages des citoyens, sera surpris falsifiant ces billets ou en soustrayant de la masse, ou en y ajoutant, ou inscrivant sur les billets des votans non lettrés des noms autres que ceux qui lui auront été déclarés.

D. *Toutes autres personnes coupables des faits énoncés dans l'article précédent, comment seront-elles punies?*

R. Elles seront punies d'un emprisonnement de six mois au moins et de deux ans au plus, et de l'interdiction du droit de voter et d'être éligibles pendant cinq ans au moins et dix ans au plus.

D. *Tout citoyen qui aura, dans les élections, acheté ou vendu un suffrage à un prix quelconque sera-t-il puni d'interdiction des droits de citoyen et de toute fonction ou emploi publics pendant cinq ans au moins et dix ans au plus?*

R. Oui, seront en outre, le vendeur et l'acheteur du suffrage, condamnés chacun à une amende double de la valeur des choses reçues ou promises.

CRIMES ET DÉLITS CONTRE LA PAIX PUBLIQUE.

DU FAUX.

FAUSSE MONNAIE.

D. *Quiconque aura contrefait ou altéré les monnaies d'or ou d'argent ayant cours légal en France, ou participé à l'émission ou exposition desdites monnaies contrefaites ou altérées, ou à leur introduction sur le territoire français, de quoi sera-t-il puni?*

R. Il sera puni de mort, et ses biens seront confisqués.

D. *Celui qui aura contrefait ou altéré des monnaies de billon ou de cuivre ayant cours légal en France, ou participé à l'émission ou exposition desdites monnaies contrefaites ou altérées, ou à leur introduction, sur le territoire français, de quoi sera-t-il puni?*

R. Il sera puni des travaux forcés à perpétuité.

D. *Tout individu qui aura, en France, contrefait ou altéré des monnaies étrangères, ou participé à l'émission, exposition ou in-*

troduction en France de monnaies étrangères contrefaites ou altérées, de quoi sera-t-il puni?

R. Il sera puni des travaux forcés à temps.

D. *La participation énoncée aux précédens articles, s'applique-t-elle à ceux qui ayant reçu pour bonnes des pièces de monnaie contrefaites au altérées, les ont remises en circulation?*

R. Non. Mais toutefois celui qui aura fait usage desdites pièces après en avoir vérifié ou fait vérifier les vices, sera puni d'une amende triple au moins et sextuple au plus de la somme représentée par les pièces qu'il aura rendues à la circulation, sans que cette amende puisse en aucun cas être inférieure à seize francs.

D. *Ceux qui auront connaissance d'une fabrique ou d'un dépôt de monnaies d'or, d'argent, de billon ou de cuivre, ayant cours légal en France, contrefaites ou altérées, et qui n'auront pas dans les vingt-quatre heures révélé ce qu'ils savent aux autorités administratives ou de police judiciaire, seront-ils punis pour le seul fait de non révélation?*

R. Oui, et lors même qu'ils seraient reconnus exempts de toute complicité, punis d'un emprisonnement d'un mois à deux ans.

D. *Les ascendans et descendans, époux même divorcés, sont-ils exceptés de la disposition précédente?*

R. Sont néanmoins exceptés de la disposition précédente les ascendans et descendans, époux divorcés, et les frères et sœurs des coupables, ou les alliés de ceux-ci aux mêmes degrés.

D. *Les personnes coupables des crimes mentionnés dans le présent chapitre, sont-elles exemptes de peines si, avant la consommation de ces crimes, et avant les poursuites, elles en ont donné connaissance et révélé les auteurs aux autorités constituées, ou si même après les poursuites commencées, elles ont procuré l'arrestation des autres coupables?*

R. Oui; mais elles pourront néanmoins être mises pour la vie, ou à temps sous la surveillance de la haute police.

CONTREFAÇON DES SCEAUX DE L'ÉTAT.

D. *Ceux qui auront contrefait le sceau de l'Etat ou fait usage du sceau contrefait, ou falsifié, soit des effets émis par le trésor royal avec son timbre, soit des billets de banque autorisés par la loi, ou qui auront fait usage de ces effets ou billets contrefaits ou falsifiés, ou qui les auront introduits dans l'enceinte du territoire français, seront-ils punis de mort?*

R. Oui, et leurs biens seront confisqués.

D. *Ceux qui auront contrefait ou falsifié soit un ou plusieurs timbres nationaux, soit les marteaux de l'Etat servant aux marques forestières, soit les poinçons servant à marquer les matières d'or où d'argent, ou qui auront fait usage des papiers, effets, timbres, marteaux ou poinçons falsifiés ou contrefaits, seront-ils punis des travaux forcés à temps?*

R. Oui, dont le maximum sera toujours appliqué dans ce cas.

D. *Quiconque s'étant indûment procuré les vrais timbres, marteaux au poinçons, sera-t-il puni de la réclusion?*

R. Oui, dans le cas où il en aura fait une application ou usage préjudiciable aux droits ou intérêts de l'Etat.

D. *Ceux qui auront contrefait les marques destinées à être apposées au nom du gou-*

vernement sur les diverses espèces de denrées ou de marchandises, ou qui auront fait usage de ces fausses marques; ceux qui auront contrefait le sceau, timbre ou marque d'une autorité quelconque, ou d'un établissement particulier de banque ou de commerce, ou qui auront fait usage des sceaux, timbres ou marques contrefaites, de quoi seront-ils punis?

R. De la réclusion.

D. *Quiconque s'étant indûment procuré les vrais sceaux, timbres ou marques ayant l'une des destinations exprimées plus haut sera-t-il puni du carcan?*

R. Oui, parce qu'il en aura fait une application ou usage préjudiciable aux droits ou intérêts de l'État, d'une autorité quelconque, ou même d'un établissement particulier.

CRIMES ET DÉLITS CONTRE LES PARTICULIERS.

CRIMES ET DÉLITS ENTRE LES PERSONNES.

MEURTRE ET AUTRES CRIMES CAPITAUX.

MENACES D'ATTENTATS CONTRE LES PERSONNES.

MEURTRE, ASSASSINAT, PARRICIDE, INFANTICIDE, EMPOISONNEMENT.

Loi décrétée le 17 février 1810, promulguée le 27 du même mois.

D. *L'homicide commis volontairement qu'est-il qualifié?*

R. Meurtre.

D. *Tout meurtre commis avec préméditation ou de guet-apens, qu'est-il qualifié?*

R. Assassinat.

D. *En quoi consiste la préméditation?*

R. Elle consiste dans le dessein formé avant l'action, d'attenter à la personne d'un individu déterminé, ou même de celui qui sera trouvé ou rencontré, quand même ce dessein serait dépendant de quelque circonstance ou de quelque condition.

D. *En quoi consiste le guet-apens?*

R. Il consiste à attendre plus ou moins de temps, dans un ou divers lieux, un individu, soit pour lui donner la mort, soit pour exercer sur lui des actes de violence.

D. *Le meurtre est-il qualifié de parricide envers les pères et mères légitimes, naturels ou adoptifs ?*

R. Oui, ou de tout autre ascendant légitime.

D. *Le meurtre d'un enfant nouveau né qu'est-il qualifié ?*

R. Infanticide. (1)

(1) Filles dénaturées et insensées ! est-il possible que vous commettiez le crime de détruire vos enfans ? Craignez la justice des hommes et la justice divine qui paraissent vous menacer et vous poursuivre partout, pour vous immoler ou vous perdre : souvenez-vous qu'il n'y a point de crime en mettant un enfant au monde, et que l'on en fait un grand en le détruisant.

Comment, sous un gouvernement juste et paternel qui a tout prévu, où il existe des hôpitaux, où l'on peut sans crainte y déposer les enfans nouveaux-nés, avec tant de facilité, vous commettez le crime d'infanticide ! non ce n'est point pardonnable. Que ne vous adressez-vous au maire de votre commune ou à votre pasteur, qui vous donneront de bons conseils, et par ce moyen, ils vous empêcheront de vous déshonorer et de déshonorer vos parens.

Malheureuses ! réfléchissez donc, avant de commettre de pareils attentats, et ayez toujours devant les yeux l'horreur du crime que vous allez commettre, et pour

D. *Tout attentat à la vie dune personne par l'effet de substances qui peuvent donner la mort plus ou moins promptement, est-il qualifié empoisonnement ?*

R. Oui, de quelque manière que ces substances aient été employées ou administrées, et quellesqu'en aient été les suites.

D. *Tout coupable d'assassinat, de parricide, d'infanticide et d'emprisonnement, sera-t-il puni de mort ?*

R. Oui, sans préjudice de la disposition

vous en préserver, répétez toujours cette prière.

Mon Dieu, venez à notre aide: seigneur, hâtez-vous de nous secourir par la force de votre nom, et éloignez-nous de toutes peines qui tendraient à détruire le fruit que nous portons.

Exemple de l'infanticide.

Extrait du journal de Toulouse.

« La nommée Gabrielle Manoac, condamnée aux « travaux forcés à perpétuité pour crime d'infanticide, « a été exposée avant-hier sur la place publique, et « a été flétrie des lettres T. P. »

Voilà le corps de cette infortunée criminelle dans l'enfer de ce monde pour tout le temps de son existence, à moins que le Roi, par sa bonté ordinaire, voulût commuer sa peine ; et après sa mort, son âme passera dans l'enfer de l'autre monde pour l'éternité, si le Dieu tout-puissant ne vient à son secours.

Plût à Dieu que cet exemple retînt les personnes qui auraient l'intention de commettre un pareil crime.

particulière dont il a été déjà parlé relativement au parricide.

D. *Tous malfaiteurs, seront-ils punis comme coupables d'assassinat, qui pour l'exécution de leurs crimes, emploient des tortures ou commettent des actes de barbarie?*

R. Oui, quelque soit leur dénomination.

D. *Le meurtre emportera-t-il la peine de mort?*

R. Oui, lorsqu'il aura précédé, accompagné ou suivi un autre crime ou délit.

En tout autre cas, le coupable de meurtre sera puni de la peine des travaux forcés à perpétuité.

MENACES.

D. *Quiconque aura menacé par écrit anonyme ou signé, d'assassinat, d'empoisonnement, ou de tout autre attentat contre les personnes qui seraient punissables, de la peine de mort, des travaux forcés à perpétuité, ou de la déportation, sera-t-il puni de la peine des travaux forcés à tems?*

R. Oui, dans le cas où la menace aurait été avec ordre de déposer une somme d'argent dans un lieu indiqué, ou de remplir toute autre condition.

D. *Si cette menace n'a été accompagnée d'au-*

cun ordre ou condition, quelle sera la peine?

R. Elle sera d'un emprisonnement de deux ans au moins et de cinq ans au plus, et d'une amende de cent francs à six cents francs.

D. *Si la menace faite avec ordre ou sans condition a été verbale, de quoi le coupable sera-t-il puni?*

R. Il sera puni d'un emprisonnement de six mois à deux ans, et d'une amende de vingt-cinq francs à trois cents francs.

D. *Le coupable où pourra-t-il de plus être mis par l'arrêt ou le jugement, dans les cas prévus par les deux précédens articles?*

R. Sous la surveillance de la haute police pour cinq ans au moins et dix ans au plus.

ATTENTATS AUX MOEURS.

D. *Toute personne qui aura commis un outrage public à la pudeur, de quoi sera-t-il puni?*

R. D'un emprisonnement de trois mois à un an, et d'une amende de seize francs à deux cents francs.

D. *L'adultère de la femme par qui pourra-t-il être dénoncé?*

R. Il ne pourra être dénoncé que par le

mari ; cette faculté pourra cesser suivant les circonstances.

D. *La femme convaincue d'adultère subira-t-elle la peine de l'emprisonnement ?*

R. Oui pendant trois mois et deux ans au plus.

Le mari restera le maître d'arrêter l'effet de cette condamnation, en consentant à reprendre sa femme.

D. *Le complice de la femme adultère sera-t-il puni de l'emprisonnement pendant le même espace de temps ?*

R. Oui, et en outre, d'une amende de cent francs à deux mille francs. Les seules preuves qui pourront être admises contre le prévenu de complicité, seront, outre le flagrant délit, celles résultant de lettres ou autres pièces écrites par le prévenu.

D. *Le mari qui aura entretenu une concubine dans la maison conjugale, et qui aura été convaincu sur la plainte de la femme, de quoi sera-t-il puni ?*

R. D'une amende de cent francs à deux mille francs.

D. *Quiconque étant engagé dans les liens du mariage en aura contracté un autre avant la dissolution du précédent, sera-t-il puni de la peine des travaux forcés à temps?*

R. Oui, l'officier public qui aura prêté son ministère à ce mariage (1), connaissant l'existence du précédent, sera condamné à la même peine.

(1) La Gazette des tribunaux rapportait il y a quel-temps le fait suivant :

Un nommé Bourguignon, soldat libéré, était entré au service d'un cultivateur, et rechercha en mariage la servante de la maison, la fille Guismé; ses offres furent aggréés. La publication des bancs avait eu lieu, et les deux futurs s'étaient présentés devant l'officier civil; l'acte civil était à moitié rédigé, lorsque le maire demanda à Bourguignon un certificat qui devait constater qu'il avait quitté depuis au moins six mois son ancien domicile. Celui-ci présentant la pièce qui donnait cette attestation, mais qui portait en même temps que sa femme et ses enfans l'habitaient encore : vous êtes donc marié, s'écrie le maire? Oui, répondit naïvement Bourguignon, mais comme j'ai changé de département, j'ai aussi voulu changer de femme.

On prit cette réponse pour une plaisanterie, mais voyant qu'elle n'était pas du goût des assistans, il ajouta qu'il avait été trop honnête homme pour ne pas instruire sa future de son premier mariage. Cette raison ne contenta personne. Bourguignon, traduit pour ce fait devant la Cour d'assises du département de l'Eure, fut condamné à cinq ans de travaux forcés et au carcan; son pourvoi en cassation a été

FAUX TÉMOIGNAGE.

D. *Quiconque sera coupable de faux témoignage en matière criminelle, soit contre l'accusé, soit en sa faveur, sera-t-il puni des travaux forcés à temps?*

R. Oui ; si néanmoins l'accusé a été condamné à une peine plus forte que cell des travaux forcés à temps, le faux témoi qui a déposé contre lui subira la même peine.

D. *Quiconque sera coupable de faux témoignage en matière correctionnelle de police, soit contre le prévenu, soit e sa faveur, de quoi sera-t-il puni?*

R. De la réclusion.

D. *Le coupable de faux témoignage en matière civile sera-t-il puni de la peine portée au précédent article?*

R. Oui.

D. *Le faux témoin en matière correction-*

soumis aujourd'hui à la cour suprême. M. Mongulert son avocat, a soutenu qu'en fait de bigamie, la tentative ne peut être assimilée au crime même.

La cour, considérant que l'examen des faits n'était pas dans ses attributions, a rejeté le pourvoi. Ainsi le pauvre Bourguignon n'a plus d'espoir que dans la clémence royale.

nelle, de police ou civile, qui aura reçu de l'argent, une récompense quelconque ou des promesses, sera-t-il puni des travaux forcés à temps?

R. Oui; dans tous les cas, ce que le faux témoin aura reçu sera confisqué.

D. *Le coupable de subornation de témoins sera-t-il puni des travaux forcés à temps?*

R. Oui; si le faux témoignage qui en a été l'objet emporte la peine de la réclusion; aux travaux forcés à perpétuité, lorsque le faux témoignage emportera la peine des travaux forcés à temps, ou celle de la déportation; et la peine de mort, lorsqu'il emportera celle des travaux forcés à perpétuité ou la peine capitale.

D. *Celui à qui le serment aura été déféré ou référé en matière civile, et qui aura fait un faux serment, comment sera-t-il puni?*

R. De la dégradation civique.

CRIMES ET DÉLITS CONTRE LES PROPRIÉTÉS.

VOLS.

Loi décrétée le 19 février 1810, promulguée le 1er mars suivant.

D. *Les individus coupables de vol commis*

avec la réunion des cinq circonstances suivantes, seront-ils punis de la peine de mort?

R. Oui, 1° si le vol a été commis la nuit; 2° s'il a été commis par deux ou plusieurs personnes; 3° si les coupables ou l'un d'eux étaient porteurs d'armes apparentes ou cachées; 4° s'ils ont commis le crime, soit à l'aide d'effraction extérieure, ou d'escalade ou de fausses clefs dans une maison, appartement, chambre ou logement habités ou servant à l'habitation, ou soit en prenant le titre d'un fonctionnaire public ou d'un officier civil ou militaire, ou après s'être revêtu de l'uniforme ou du costume du fonctionnaire ou de l'officier, ou en alléguant un faux ordre de l'autorité civile ou militaire; 5° s'ils ont commis le crime avec violence ou menace de faire usage de leurs armes.

D. *Tout individu sera-t-il puni de la peine des travaux forcés à perpétuité, s'il est coupable de vol commis à l'aide de violence, et de plus, avec deux des quatre premières circonstances prévues dans le précédent article?*

R. Oui; si même la violence, à l'aide de laquelle le vol a été commis, a laissé des traces de blessures ou de contusions, cette circonstance seule suffira pour que la peine des travaux forcés à perpétuité soit prononcée.

D. *Les vols commis sur les chemins publics emporteront-ils la peine des travaux forcés à perpétuité ?*

R. Oui.

D. *Tout individu sera-t-il puni de la peine des travaux forcés à temps s'il est coupable de vol commis à l'aide d'un des moyens énoncés plus haut ?*

R. Oui, même quoique l'effraction, l'escalade et l'usage des fausses clefs aient eu lieu dans des édifices, parcs ou enclos non servant à l'habitation, et non dépendans des maisons habitées, et lors même que l'effraction n'aurait été qu'intérieure.

D. *Tout individu sera-t-il également puni de la peine des travaux forcés à temps, s'il est coupable de vol commis, soit avec violence, lorsqu'elle n'aura laissé aucune trace de blessures ou de contusions, et qu'elle ne sera accompagnée d'aucune autre circonstance, soit sans violence, mais avec la réunion des trois circonstances suivantes?*

R. Oui, 1° si le vol a été commis la nuit;

2° s'il a été commis par un ou plusieurs personnes ; si le coupable ou l'un des coupables était porteur d'armes apparentes ou cachées.

D. *Tout individu sera-t-il puni de réclusion s'il est coupable de vol commis dans l'un des cas suivans ?*

R. Oui ; 1° si le vol a été commis pendant la nuit, et par deux ou plusieurs personnes, ou s'il a été commis avec une de ces deux circonstances seulement, mais en même temps dans un lieu habité ou servant à l'habitation ; 2° si le coupable ou l'un des coupables, était porteur d'armes apparentes ou cachées, même quoique le lieu où le vol ait été commis ne fût ni habité ni servant à l'habitation, et encore quoique le vol ait été commis le jour et par une seule personne ; si le voleur est un domestique ou un homme de service à gages, même lorsqu'il aura commis le vol envers les personnes qu'il ne servait pas, mais qui se trouvaient, soit dans la maison de son maître, soit dans celle où il l'accompagnait, ou si c'est un ouvrier, compagnon ou apprenti dans la maison, l'atelier ou le magasin de son de son maître ; ou un individu travaillant habituellement dans l'habitation où il aura volé ; 4° si le vol a été commis par un aubergiste, un hôtelier, un voiturier, un batelier ou un de leurs préposés, lorsqu'ils auront volé tout ou partie des choses qui leur étaient confiées à ce titre ; ou enfin si le coupable a commis le vol dans l'auberge ou l'hôtellerie dans laquelle il était reçu.

D. *Les voituriers, bateliers ou leurs préposés, qui auront altéré des vins ou toute autre espèce de liquides ou de marchandises dont le transport leur avait été confié, et qui auront commis cette altération par le mélange de substances malfaisantes, seront-ils punis de la peine portée au précédent article ?*

R. Oui. S'il n'y a pas eu mélange de substances malfaisantes, la peine sera d'un emprisonnement d'un mois à un an, et une amende de seize francs à cent francs.

D. *Quiconque aura volé, dans les champs des chevaux, ou bêtes de charge, de voiture ou de monture, gros et menus bestiaux, des instrumens d'agriculture, des récoltes ou meules de grains faisant partie de récoltes, sera-t-il puni de la réclusion ?*

R. Oui; il en sera de même à l'égard des vols de bois dans les routes, et de pierres dans les carrières, ainsi qu'à l'égard de vol de poisson en étang, vivier ou réservoir.

D. *La même peine aura-t-elle lieu si, pour commettre un vol, il y a eu enlèvement ou déplacement de bornes servant de séparation aux propriétés?*

R. Oui.

D. *Tout bâtiment est-il réputé maison habitée?*

R. Oui, ainsi que tout logement, loge, cabane même mobile, qui sans être actuellement habitée, est destinée à l'habitation, comme tout ce qui en dépend, comme cours, basse-cours, granges, écuries, édifices qui y sont enfermés, quelqu'en soit l'usage, et quand même ils auraient une clôture particulière dans la clôture ou enceinte générale.

D. *Tout terrain environné de fossés, est-il réputé parc ou enclos?*

R. Oui, ainsi que tout terrain environné de pieux, de claies de planches, de haies vives ou sèches, de murs, de quelque espèce de matériaux que ce soit, quellesque soient les hauteurs, la profondeur, la vétusté, la dégradation de ces diverses clôtures, quand il n'y aurait pas de portes fermant à clef ou autrement, quand la porte serait à claire-voie et ouverte habituellement.

D. *Les parcs mobiles destinés à contenir du bétail dans la campagne, de quelque matière qu'ils soient faits, sont-ils aussi réputés enclos ?*

R. Oui, et lorsqu'ils tiennent aux cabanes mobiles ou arbres destinés aux gardiens, ils sont réputés dépendans de maison habitée.

D. *Toute rupture est-elle qualifiée effraction ?*

R. Oui, ainsi que tout forcement, dégradation, démolition, enlèvement de murs, toitures, planches, portes et fenêtres, serrures, cadenas et autres ustensiles ou instrumens servant à fermer ou à empêcher le passage de toute espèce de clôture quelle qu'elle soit.

D. *Quelles sont ces effractions ?*

R. Ces effractions sont extérieures ou intérieures.

D. *Quelles sont les effractions extérieures ?*

R. Ce sont celles à l'aide desquelles on peut

s'introduire dans les maisons, cours, basse cours, enclos ou dépendances, ou dans les appartemens ou logemens particuliers.

D. *Quelles sont les effractions intérieures ?*

R. Ce sont celles qui, après l'introduction dans les lieux mentionnés en l'article précédent, sont faites aux portes ou clôtures du dedans, ainsi qu'aux armoires ou autres meubles fermés. Est compris dans la classe des effractions intérieures le simple enlèvement des caisses, boîtes, ballots sous toile et corde, et autres meubles fermés qui contiennent des effets quelconques, bien que l'effraction n'ait pas été faite sur le lieu.

D. *Toute entrée dans les maisons exécutée par dessus les murs, est-elle qualifiée escalade ?*

R. Oui, ainsi que toute entrée dans les bâtimens, cours, basse-cours, édifices quelconques, jardins, parcs et enclos, exécutée par dessus les murs, portes, toitures ou toute autre clôture.

L'entrée par une ouverture souterraine, autre que celle qui a été établie pour servir d'entrée, est une circonstance de même gravité que l'escalade.

D. *Toutes clefs non destinées par le pro-*

priétaire aux serrures employées par le coupable, sont-elles qualifiées fausses clefs?

R. Oui, ainsi que tous crochets, rossignols, passe-partout, contrefaits, altérés, ou qui n'ont pas été destinés par le propriétaire, locataire, aubergiste ou logeur, aux serrures, cadenas, ou aux fermetures quelconques auxquelles le coupable les aura employées.

D. *Quiconque aura contrefait ou altéré des clefs, à quoi sera-t-il condamné?*

R. Il sera condamné à un emprisonnement de trois mois à deux ans, et à une amende de vingt-cinq francs à cent cinquante fr.

Si le coupable est un serrurier, il sera puni de la réclusion, le tout sans préjudice de plus fortes peines, s'il y échet, en cas de complicité de crime.

D. *Quiconque aura extorqué, par force, violence ou crainte, la signature ou la remise d'un écrit, d'un acte, d'un titre, d'une pièce quelconque contenant ou opérant obligation, disposition ou décharge, de quelle peine sera-t-il puni?*

R. De la peine des travaux forcés à temps.

D. *Les autres vols non spécifiés dans la présente section, les larcins et filouteries, ainsi que les tentatives de ces mêmes délits, comment seront-ils punis ?*

R. Ils seront punis d'un emprisonnement d'un an au moins et de cinq ans au plus, et pourront même l'être d'une amende qui sera de seize francs au moins et de cinq cents francs au plus.

Les coupables pourront encore être interdits de leurs droits pendant cinq ans au moins et dix ans au plus, à compter du jour où ils auront subi leur peine. Ils pourront aussi être mis par l'arrêt ou le jugement, sous la surveillance de la haute-police pendant le même nombre d'années.

CONTRAVENTION AUX RÉGLEMENS SUR LES MAISONS DE JEUX.

D. *Ceux qui auront tenu une maison de jeux de hasard, et y auront admis le public, soit librement, soit sur la présentation des intéressés ou affiliés, les banquiers de cette maison, tous ceux qui auront établi ou tenu des loteries non autorisées par la loi, tous administrateurs, préposés ou agens de ces établissemens, de quoi seront-ils punis ?*

R. Ils seront punis d'un emprisonnement de deux mois au moins et de six mois au plus, et d'une amende de cent francs à six mille francs.

Les coupables pourront être de plus, interdits à compter du jour où ils auront subi la peine, pendant cinq ans au moins et dix ans au plus.

Dans tous les cas, seront confisqués tous les fonds ou effets qui seront trouvés exposés au jeu (1) ou mis à la loterie,

(1) La passion du jeu est la plus dangereuse que l'homme puisse avoir, puisque tous les jours on voit des individus condamnés à des peines infamantes, pour des crimes qu'ils ont commis, que s'ils n'avaient point eu cette passion, ils auraient été toute la vie d'honnêtes gens.

Voici où cette malheureuse perdition les mène. Dans le courant de la révolution, où la dépravation des mœurs était à son comble, il existait tant à Paris que dans les grandes villes des départemens de la France, des maisons de jeu, où des milliers de familles ont été englouties.

En voici un exemple.

M. L. D. avait épousé à Paris une demoiselle qui lui avait apporté une brillante fortune ; les premières années de leur union furent très-heureuses. M. L. D. donnait très-souvent à dîner à ses amis. Mais qui aurait pensé qu'un jour l'un d'eux serait la cause de son plus grand malheur.

les meubles, instrumens, ustensiles, appareils employés ou destinés au service des

Le sieur G. H., qui était un ami de la maison, engagea M. L. D. à venir dîner avec lui chez Mme Rénale, demeurant rue St-Honoré, et qui soi-disant recevait chez elle les personnes de la plus haute considération. M. L. D. accepta l'offre que son ami lui fit, et le jour indiqué ils vont dîner chez cette dame. M. L. D., fut très-bien accueilli par la maîtresse de la maison, et l'on se mit à table. Le repas fini, on passa dans un salon, où il y avait une table garnie d'un tapis vert dont l'un des côtés était noir et l'autre rouge. Il y avait sur cette table quelques corbeilles remplies de pièces d'or, et quelques piles de pièces de cinq fr. Un individu, tenant un paquet de cartes à la main, répétait à chaque instant, *Messieurs faites votre jeu* : ce jeu se nomme le Trente et Quarante. Plusieurs personnes, qui entouraient la table, y posaient l'argent qu'elles croyaient y gagner ou perdre. La dame de la maison engagea M. L. D. à jouer ; il n'osa s'y refuser, et par une fatalité qui arrive, presque à toutes les personnes qui jouent à un jeu, qu'elles n'ont jamais joué. M. L. D. gagna près de mille fr. ; il rentre chez lui très-satisfait, et n'en dit rien à son épouse. Quelques jours après il y retourne, et gagna encore. Mais la troisième fois qu'il s'y rendit, il perdit tout ce qu'il avait gagné en deux fois : revenu chez lui assez de mauvaise humeur, son épouse lui demanda ce qu'il avait, il répondit brusquement, rien ; il y fut donc une quatrième fois, et emporta avec lui beau-

jeux ou des loteries, les meubles et les effets mobiliers dont les lieux sont garnis ou décorés.

coup de fonds qu'il perdit dans un instant. Enfin dans l'espace de trois mois, il y perdit toute sa fortune, et fit en même temps des dettes, renvoya ses domestiques. Son épouse chagrine de voir son mari atteint d'nne passion des plus fortes, tomba malade, et malgré qu'elle fut dans le plus grand danger, le mari ne cessait de vendre le reste de son mobilier, pour le porter au jeu. Un jour il part le matin, et ne revint que très-tard dans la nuit, rentre chez lui, voit sa malheureuse femme morte, couchée sur le grabat; il n'en fut point ému, se couche, s'endort tranquillement. Le matin à son reveil cherche dans l'appartement, et ne trouve rien pour prendre pour porter au jeu. Il jette les yeux sur la tête de son épouse : il apperçoit une chevelure superbe, prend une paire de ciseaux, lui coupe les cheveux, va les vendre chez un coiffeur, se transporte de là dans une maison de jeu, y perd son argent. Le voilà sans femme, sans argent et sans amis, car tous l'avaient abandonné. Que faire ? Il se rendit dans un établissement où l'on prend des bains; il s'en fit préparer un; il s'y mit dedans; et s'ouvrit les quatre veines avec un canif.

O hommes passionnés! lisez, lisez : voilà votre sort, et voici votre portrait.

Hé bien ! joueurs du jour parlez; d'un tel portrait
Peut-on en vous voyant retrouver quelque trait ?

D. Dans tous les cas où la peine d'emprisonnement est portée par le présent Ca-

Trop facile instrument de vos honteux caprices
L'or n'est souvent pour vous que l'aliment des vices;
Votre âme se consume en frivoles désirs,
Votre temps se dissipe en coupables plaisirs :
Prolongeant sans pudeur vos nocturnes orgies,
Usant votre existence aux clartés des bougies,
Entouré d'un tapis vert, qu'assiège votre ardeur,
Palpitant tour à tour d'espoir ou de terreur;
D'un sang-froid affectez la fausse indifférence;
De vos cœurs déchirés vous cachez envain la souffrance!
D'une carte infidèle épiant le retour
Votre avide insomnie a vu naître le jour.
Hélas ! lorsque du gain la fureur vous transporte,
La misère en haillon frissonne à votre porte;
Un peu d'or échappé de votre avare main,
Dans son sein douloureux ferait taire la faim.
Mais, dèsque les joueurs sont inexorables;
La passion les tue, et meurent misérables.

LE SAGE.

Heureux qui, de la sagesse
Attendant tout son secours,
N'a point mis en la richesse
L'espoir de ses derniers jours.
La mort n'a rien qui l'étonne,
Et dès que son Dieu l'ordonne;
Son âme, prenant l'essor,
S'élève d'un vol rapide,
Vers la demeure où réside
Son véritable trésor.

téchisme, ou Recuil des lois pénales, si le préjudice causé n'excede pas vingt-cinq

Voici la prière que l'homme doit adresser au Tout-Puissant tous les matins.

Mon Dieu, préservez-moi de la passion du jeu ; créez en moi un cœur pur. Par les dons de vos bontés, je serai exempt de commettre aucun crime.

Autre exemple.

Extrait de tous les journaux en 1810.

Deux individus, l'un nommé Elvin, qui tenait un bureau de ventes et d'achats de maisons, entre rue Tictonne, à Paris ; un jour ce nommé Elvin se transporta chez un banquier avec qui il fesait habituellement quelques affaires, rue Vivienne, et cedit Elvin proposa à ce banquier de lui faire faire une excellente affaire. Celui-ci accepta l'offre qu'on lui fit. Elvin lui donna rendez-vous chez son ami, pour le lendemain matin à dix heures. Le banquier ne manqua point de s'y trouver, et il arriva à l'heure dite ; il frappa à la porte ; on ouvre, et lorsqu'il fut entré on le pria de s'asseoir.

L'ami d'Elvin était à son bureau, tenant un paquet de lettres de change à la main, adressant la parole au banquier, il lui dit : voici des traites qu'il faut que vous signiez. Le banquier examine ces pièces et répond qu'il ne peut point signer ; on lui répond : si vous vous y refusez, on va vous étrangler. Enfin ce pauvre banquier après quelque difficulté, croyant qu'en signant, il va être débarrassé de ces deux scé-

francs, et si les circonstances paraissent atténuantes, les tribunaux seront-ils au-

lérats, il signe. Il n'eût pas plutôt posé sa signature que celui qui était au bureau, dit à Elvin, donne-moi cette corde qui est derrière la malle. Elvin lui donne la corde, se saisissent du malheureux banquier, lui mettent la corde au cou, et l'étranglent : fouillant dans ses poches, prenant son porte-feuille, où il y avait deux billets de cinq cents francs, se les partagent, mettent le corps de ce malheureux dans un long panier, où l'on met ordinairement des bouteilles de vin de Champagne, ferment le panier symétriquement, le soir vont chercher une voiture que l'on nomme fiacre, mettent le panier dedans ; ils y montent, et transportent leur proie, chez une portière qui était la parente de l'un d'eux. A la butte des moulins, ils disent à cette femme : voilà un panier de vin de Champagne que nous venons d'achetter, nous vous prions de le garder, jusqu'à ce que nous veniens le reprendre. La portière le reçut. Elvin paya la course du fiacre, et avant de se quitter, se donnent rendez-vous chez cette même portière, pour onze heures de la même soirée, et chacun va de son côté. Elvin se transporte desuite dans une maison de jeu n° 9, au Palais Royal, et y joue son billet de cinq cents francs, et le perd. L'autre individu va sûrement aussi dans une autre maison, et en fait autant. A l'heure dite ces deux individus se trouvent au rendez-vous, et demandent excuse à la portière de lui avoir causé de l'embarras, prirent le panier et vont le déposer à la butte des moulins, et le lais-

torisés à réduire l'emprisonnement, même au-dessus de six jours?

sent là, s'en vont tranquillement se coucher chez eux. Dans la nuit une patrouille trouve le panier, le fait porter chez le commissaire de police du quartier, où l'on fit l'ouverture, on y trouva le corps du malheureux banquier.

La police prend des informations, apprend que ce panier a été déposé chez une portière. On s'y transporte, on l'arrête. Cette malheureuse femme raconte toutes les circonstances, et donne l'adresse des deux assassins; on va les arrêter chez eux, ils sont incarcérés. Elvin a tout avoué; et ils furent guillotinés quelque temps après. O jeux infernaux! se peut-il que l'homme soit enivré d'une telle passion? Ce jeu qui est cause que tant d'individus son enfermés dans les prisons. Si l'on veut s'informer pour quelle raison il y en a tant d'incarcérés pour dettes; on leur répondra: les trois quarts y sont pour avoir tout perdu au jeu. Ah infernalle passion! quand Dieu permettra-t-il que l'homme s'exempte d'un pareil défaut? Et vous hommes dépravés qui tenez ces sortes de maisons, où l'on réunit tous les vices! qu'en surviendra-t-il? Une loi sévère qui vous punira de tous les maux, que vous avez fait souffrir, et que vous faites encore souffrir à des milliers de familles.

Le Roi et sa noble famille, qui ne cessent de soulager les malheureux, n'ont point oublié les prisonniers pour dettes; par conséquent les personnages de la plus haute distinction de l'Etat ne les ont point oubliés.

Tous les jours on s'aperçoit des améliorations qui

R. Oui, et l'amende, même au-dessus de seize francs. Ils pourront aussi pronon-

s'opèrent par les soins de ces hommes vertueux.

Je ne puis laisser sous silence une association de dames charitables du plus grand mérite, qui se forme depuis la restauration, n'y étant point autorisé, et crainte de blesser leur délicatesse que je ne nommerai point ci-dessus, ne cessent de porter des secours aux malheureux prisonniers tant par leurs prières que par leurs bienfaits. En outre elles font des quêtes, et réunissent les fonds nécessaires pour faire mettre en liberté les prisonniers, sur lesquels elles font prendre des informations, tant pour leur moralité que pour les dettes, qu'ils doivent à leurs créanciers.

De plus, elles ont pour collaborateur M. Desglageurs, qui est chargé de tous les renseignemens, jeune homme rempli de vertu et de talents et du plus grand mérite. Elles ne pouvaient mieux choisir pour remplir des fonctions si honorables et si délicates. On peut le nommer le pourvoyeur et le consolateur des malheureux.

Losqu'un prisonnier pour dettes, sort, par le bienfait de ces dames, M. Desglageurs apporte lui-même les fonds à la prison, remet au concierge la somme qui est due au créancier. Le concierge lève l'écroue, et le prisonnier sort. Le lendemain de la sortie il va remercier M. Desglageurs qui lui remet encore quelques fonds, s'il en a besoin. Le surlendemain l'association fait dire une messe en actions de grâce pour la sortie du prisonnier. Toute l'association s'y trouve, ainsi que le prisonnier.

Il serait à souhaiter que cet exemple de piété et

cer séparément l'une ou l'autre de ces peines, sans qu'en aucun cas elle puisse être au-dessus de simples peines de police.

Loi pour la répression des crimes et des délits commis dans les édifices ou sur les objets consacrés à la religion catholique ou aux autres cultes légalement établis en France.

Du 20 avril 1825.

TITRE Ier. — DU SACRILÈGE.

D. *La profanation des vases sacrés et des hosties consacrées constitue-t-elle le crime de sacrilège ?* (1)

R. Oui.

de charité fut suivi dans toutes nos grandes villes du royaume.

(1) Dans le courant de notre révolution, d'exécrable mémoire, le club des Jacobins qui n'était composé que d'hommes couverts de crimes ; formait une armée révolutionnaire. Un nommé Ronsin, était leur général. Il fallait pour être enrôlé dans cette armée,

D. *Toute voie de fait commise volontairement, et par haine ou mépris de la religion, est-elle déclarée profanatoire ?*

produire un certificat qui constatât que l'on avait dénoncé, volé, assassiné des royalistes ou des prêtres; sans cela on n'y était point admis. Que l'on juge que pouvait être le général d'une semblable armée. Cette armée était répartie en bandes, et parcourait toutes les contrées de la France, semblable à un volcan qui ravage tout ce qui se trouve sur son passage. Cette bande de scélérats pillaient, assassinaient et commettaient tous les crimes que nous n'osons nommer crainte de blesser les oreilles du lecteur, s'adressant de préférence aux églises, où ils devastaient tout. Quelques-unes de ces bandes furent dirigées dans le département des Vosges. En passant dans la ville de Luxeul, elles y furent accueillies par quelques mauvais sujets qui les conduisirent droit à l'église. L'un deux qui était de la ville même, tenant un sabre à la main, entra le premier, se porta au maître-autel qu'il brisa, et enleva les vases sacrés, et de là il se porta comme un furieux contre un crucifix, vomissant mille injures contre Dieu, et donnant plusieurs coups de sabre au Christ, il lui coupa une cuisse qui tomba à terre. Il voulut la ramasser pour l'emporter, et il ne l'eut pas plutôt ramassée, qu'une paralysie lui survint sur la langue, qu'il ne put plus articuler une seule parole : saisi d'effroi, il s'en retourne chez lui. Sa femme qui avait été instruite par une de ses voisines qui avait été témoin des horreurs que son mari avait commises, lorsqu'elle l'aperçut, elle se trouva mal.

R. Oui ; sur les vases sacrés ou sur les hosties consacrées.

Alors elle était enceinte de trois mois ; elle fit de vifs reproches à son mari qui ne lui répondit que par des soupirs.

Cette malheureuse femme au bout de neuf mois accoucha d'un enfant mâle qui avait une cuisse de moins. Chose que je puis attester, en allant prendre les eaux à Luxeul. Des témoins oculaires du lieu me l'ont raconté et attesté.

Voilà, mes chers lecteurs, un miracle de Dieu. S'il l'eût voulu, il aurait bien fait périr ce misérable sur-le-champ ; mais il a permis qu'il existât, afin que son corps subit les tourmens de l'enfer de ce monde, et pour servir d'exemple aux malfaiteurs.

Malgré cet incident, l'église n'en fut pas moins pillée par les bandes de ces révolutionnaires. Mais, qu'on demande que sont devenus ces hommes sanguinaires, il en existe fort peu ; Dieu a permis qu'ils périssent tous dans les plus grands tourmens.

Arrêtez malheureux ! qu'allez-vous faire ? Porter votre main sacrilège sur la personne du Tout-Puissant! Et vous ne craignez point que dans l'instant même il ne vous punisse de mort ! Non, il ne vous punira pas. Il veut qu'après avoir commis votre crime, vous en ressentiez toute l'horreur, et que votre corps subisse tous les tourmens de l'enfer de ce monde, en attendant que votre âme aille rejoindre ses semblables, qui, comme vous ont commis des crimes, et vont subir les tourmens les plus horribles dans l'autre. O hommes criminels ! réfléchissez avant de commettre de

D. Quand y a-t-il preuve légale de la consécration des hosties ?

R. Il y a preuve légale de la consécration des hosties, lorsqu'elles sont placées dans

pareils forfaits ; pensez à ce que vous allez souffrir après les avoir commis. Je suppose que vous vous soyez soustrait momentanément à la justice des hommes ; c'est une punition de plus que Dieu veut vous donner, afin que votre corps souffre plus long-temps sur la terre. En voici la preuve : Votre crime étant consommé, que vous reste-t-il ? Les remords et la crainte : vous ne faites pas un pas que vous ne vous retourniez, c'est-à-dire, pour voir si personne ne vient pour vous arrêter. Toutes les personnes que vous rencontrez, vous croyez toujours qu'elles vont vous mettre la main sur le collet. Vous êtes jour et nuit dans des transes épouvantables. Hélas, quelle position ! Et lorsque vous avez subi ces sortes de tourmens, Dieu permet que vous soyez arrêté. Alors votre corps subira les châtimens que la justice des hommes a établis pour ces sortes de crimes, qui sont d'après ce que vous avez lu aux articles de ce Catéchisme des plus cruels ; qui doivent vous faire frémir d'horreur avant et après votre mort qui est des plus cruelles. Votre âme va droit en enfer pour toute l'éternité. Dieu ne pardonnera jamais ces sortes de crimes.

Infortunés que nous sommes,
Où ségarent nos esprits :
Voilà, diront les hommes,
Les vils objets de nos mépris.

le tabernacle ou exposées à l'ostensoir, et lorsque le prêtre donne la communion ou porte le viatique aux malades.

Il y a preuve légale de la consécration du ciboire, de l'ostensoir, de la patêne et du calice, employés aux cérémonies religieuses au moment du crime.

Il y a également preuve légale de la consécration du ciboire ou de l'ostensoir enfermés dans le tabernacle de l'église ou dans celui de la sacristie.

D. *La profanation des vases sacrés sera-t-elle punie de mort, si elle est accompagnée des deux circonstances suivantes ?*

R. Oui : 1°. si les vases sacrés renfermaient au moment du crime, des hosties consacrées ; 2°. si la profanation a été commise publiquement, lorsqu'elle est commise dans un lieu public et en présence de plusieurs personnes.

D. *La profanation des vases sacrés sera-t-elle punie des travaux forcés à perpétuité, si elle a été accompagnée de l'une des deux circonstances suivantes ?*

R. Oui.

D. *La profanation des hosties consacrées commise publiquement, sera-t-elle punie de mort ?*

R. Oui ; l'exécution sera précédée de l'amende honorable faite par le condamné devant la principale église du lieu où le crime aura été commis, ou du lieu où siège la cour d'assises.

TITRE 2. — DU VOL SACRILÈGE.

D. *Les édifices consacrés à l'exercice de la religion catholique, seront-ils compris au nombre des édifices mentionnés plus haut ?*

R. Oui ; en conséquence sera puni de mort quiconque aura été déclaré coupable d'un vol commis avec la réunion des autres circonstances mentionnées plus haut.

D. *Qui sera puni des travaux forcés à perpétuité ?*

R. Quiconque aura été déclaré coupable d'avoir, dans un édifice consacré à l'exercice de la religion de l'État, volé ou même sans effraction du tabernacle, des vases sacrés qui y étaient renfermés.

D. *Les autres vols des vases sacrés seront-ils punis de la même peine qui est mentionnée plus haut ?*

R. Oui, 1°. le vol des vases sacrés commis dans un édifice consacré à l'exercice de la religion de l'État, sans la circonstance mentionnée plus haut, mais avec deux des cinq circonstances énoncées plus haut; 2°. Tout autre vol commis dans le même lieu, à l'aide de violence et avec deux des quatre premières circonstances énoncées au susdit acte

D. *Tout individu coupable d'un vol de vases sacrés, sera-t-il puni de la peine des travaux forcés à temps ?*

R. Oui, si le vol a été commis dans un édifice consacré à la religion de l'Etat, quoiqu'il n'ait été accompagné d'aucune des circonstances mentionnées plus haut. Dans le même cas, sera puni de la réclusion tout individu coupable d'un vol d'autres objets destinés à la célébration des cérémonies de la même religion.

D. *Tout individu coupable de vol sera-t-il puni de la réclusion ?*

R. Oui, si ce vol a été commis la nuit, ou par deux ou plusieurs personnes, dans un édifice consacré à la religion de l'État.

TITRE III. — DES DÉLITS COMMIS DANS LES ÉGLISES OU SUR LES OBJETS CONSACRÉS A LA RELIGION.

D. *Toute personne qui sera reconnue coupa-*

ble d'outrage à la pudeur sera-t-elle punie d'un emprisonnement de trois à cinq ans et d'une amende de cinq cent à dix mille fr. ?

R. Oui, lorsque ce délit aura été commis dans un édifice consacré à la religion de l'Etat.

D. *Ceux qui auront retardé, interrompu ou empêché les cérémonies de la religion, par des troubles ou désordres commis, même à l'extérieur d'un édifice consacré à l'exercice de la religion de l'Etat, de quoi seront-ils punis ?*

R. D'une amende de seize à trois cent francs, et d'un emprisonnement de six jours à trois mois.

D. *Dans le cas mentionné plus haut, si les monumens, statues et autres objets détruits, abattus mutilés ou dégradés, étaient consacrés à la religion de l'Etat, de quoi le coupable sera-t-il puni ?*

R. D'un emprisonnement de six mois à deux ans, et d'une amende de deux cent à deux mille francs. La peine sera d'un an à cinq ans d'emprisonnement, de mille à cinq mille francs d'amende, si ce délit a été commis dans l'intérieur d'un édifice consacré à la religion de l'État.

TITRE IV. — DISPOSITIONS GÉNÉRALES.

D. *Les dispositions des articles précédens de la présente loi, en quelles choses sont-elles applicables?*

R. Aux crimes et délits commis dans les édifices consacrés aux cultes légalement établis en France.

D. *Les dispositions auxquelles il n'est pas dérogé par la présente loi, continueront-elles à être exécutées?*

R. Oui.

EXHORTATION.

Pères et mères, parens et tuteurs des jeu-soldats que le sort a favorisés, je dis favorisés, parce que plus de la moitié des jeunes gens qui arrivent dans les régimens, ne sont pas instruits. Ils trouvent dans le corps des écoles mutuelles; ils y reçoivent une instruction morale et religieuse (1) que très-souvent leurs parens n'ont pas les moyens de leur faire donner. Ensuite ils y sont très-bien habillés, bien nourris, bien couchés et traités comme des frères par leurs supérieurs. Lorsqu'un jeune soldat a fini son temps, il revient chez lui; ses parens ne le reconnaissent point, et sont tout surpris de voir revenir un homme avec des mœurs et des talens qu'il n'aurait pas acquis s'il était resté chez lui; il n'aurait jamais reçu des principes aussi bons et aussi utiles.

Pères mères, il est nécessaire qu'avant le départ de vos enfans, vous leur fassiez une morale, et que vous les préveniez que, dans la troupe, les mauvais sujets sont punis très-sévèrement, et que les bons sujets sont récompensés de leur bonne conduite.

Ci-joint les peines portées contre ceux qui se comportent mal. Vous ferez bien de leur

(1) *L'Echo*, journal du midi, rapporte que le jour de la Saint-Louis 1826, 48 soldats du 26me régiment en garnison au port du St-Esprit, ont fait leur première communion. Toutes les autorités civiles et militaires on assisté à ce nouveau triomphe de la religion. MM. les communians ont ensuite été régalés par le lieutenant colonel.

lire souvent ce livre, et de les en munir; cela les empêchera de commettre aucun crime et délit.

Soldats français, qui êtes le soutien de la la France, commandés par des chefs expérimentés; qui donnez l'exemple à toute l'Europe de votre bonne discipline et de votre attachement à la constitution que le monarque législateur de glorieuse mémoire a donnée à la France, qui est gouvernée par le meilleur des rois. Malheur à ceux qui voudront troubler le repos de notre belle armée. Par votre courage accoutumé ils ne trouveront que la mort.

Dévouement au Roi et à la patrie, fidélité, honneur et discipline seront toujours la devise des français.

DES DÉLITS ET PEINES MILITAIRES.

DU VOL.

D. *Tout militaire qui pour faire payer ou distribuer à sa troupe ce qui lui revient, sera convaincu d'avoir porté sur son état de situation sa troupe au-dessus de son nombre effectif, soit en route, soit en garnison, sera-t-il puni de cinq ans de fer?*

R. Oui, et condamné au remboursement de ce qu'il aura touché au-dessus de ce qui revenait de droit à sa troupe.

D. *Tout garde-magasin quelconque, qui sera convaincu d'avoir fait quelque distraction des objets qui lui auront été confiés, sera-t-il puni de cinq ans de fer?*

R. Oui, et condamné à rembourser le montant des objets soustraits ou échangés.

D. *Tout militaire convaincu d'avoir volé l'argent de l'ordinaire de ses camarades, ou tout autre effet à eux appartenant, de quoi sera-t-il puni?*

R. De six ans de fers.

D. *Tout militaire qui vendra ou qui mettra en gages, en tout ou en partie, ses armes, son habillement, fourniment, ou son cheval ou équipement, le tout fourni par l'Etat, de quoi sera-t-il puni?*

R. De cinq ans de fers.

D. *Tout militaire qui sera convaincu d'avoir volé des fournitures de casernes ou effets de campement, de quoi sera-t-il puni?*

R. De trois ans de fers.

D. *Tout militaire ou tout autre individu*

au service ou à la suite de l'armée, qui sera convaincu d'avoir volé, soit de la poudre, soit boulets, soit toutes autres munitions ou effets d'artillerie, dans les parcs, magasins, dépôts ou convois, de quoi sera-t-il puni ?

R. De trois ans de fers.

D. *Tout militaire ou tout autre individu attaché à l'armée, qui sera convaincu d'avoir volé les personnes chez lesquelles il aurait logé, de quoi sera-t-il puni ?*

R. De dix ans de fers.

D. *Tout militaire ou tout autre individu attaché à l'armée, qui sera convaincu d'avoir pris par fraude et sans payer, à boire ou à manger chez un habitant, soit en route, soit en garnison ou cantonnement, de quoi sera-t-il puni ?*

R. De trois mois de prison ; de six mois si le délit a été accompagné de menaces, et de deux ans de fers s'il y a eu voie de fait.

D. *Tout militaire ou tout autre individu de l'armée qui sera convaincu d'avoir attenté, en quelque lieu que ce soit, à la sureté ou à la liberté des citoyens, de quoi sera-t-il puni ?*

R. De six mois de prison; et s'il y a vol où voie de fait, la peine sera de deux ans de fers; et en cas d'assassinat, il sera puni de mort.

DE L'INSUBORDINATION.

D. *Tout militaire, qui, en cas d'alerte, d'appel ou de la générale, ne sera pas rendu à son poste au moment où la troupe prend les armes, sera-t-il, pour la première fois, puni de trois mois de prison?*

R. Oui, pour la seconde fois, de six mois, destitué et déclaré incapable de servir dans les armées.

D. *Tout militaire qui à la guerre ne sera pas rendu à son poste, de quoi sera-t-il puni?*

R. De cinq ans de fers; et celui qui aura abandonné son poste pour songer à sa propre sureté sera puni de mort.

D. *Tout militaire qui sera convaincu d'avoir, dans une affaire avec l'ennemi, abandonné ou jeté lâchement ses armes, de quoi sera-t-il puni?*

R. De dix ans de fers.

D. *Tout militaire qui, dans une place prise*

d'assaut, quittera son poste pour se livrer au pillage, de quoi sera-t-il puni ?

R. De cinq ans de fers.

D. *Tout soldat trouvé endormi en faction ou en vedette, dans les postes les plus près de l'ennemi, de quoi sera-t-il puni ?*

R. De mort.

D. *Tout soldat trouvé endormi en faction ou en vedette, dans tous autres postes que ceux indiqués dans l'article précédent, de quoi sera-t-il puni ?*

R. De cinq ans de fers.

D. *Tout commandant de poste qui prendra sur lui de changer sa consigne, sera-t-il traduit au tribunal criminel militaire ?*

R. Oui, et s'il est déclaré coupable, il sera puni de mort.

D. *Tout soldat en sentinelle ou en vedette qui n'aura pas exécuté sa consigne, sera-t-il traduit au tribunal criminel militaire ?*

R. Oui, et si les suites en sont devenues funestes, il sera puni de mort; sinon le tribunal appliquera la peine de discipline.

D. *Tout militaire convaincu d'avoir insulté une sentinelle de propos ou de gestes, quelle sera la peine ?*

R. La peine, pour le simple soldat, sera de

deux ans de prison ; pour le sous-officier de quatre ans ; pour l'officier de six ans, et s'il y a voie de fait, le coupable sera puni de mort.

D. *Tout militaire qui sera convaincu de ne s'être pas conformé aux ordres de son supérieur, relatifs au service, sera-t-il destitué, mis pour un an en prison?*

R. Oui, et déclaré incapable de servir dans les armées françaises, et si c'est dans une affaire en présence de l'ennemi, il sera puni de mort.

D. *Tout militaire convaincu d'avoir menacé son supérieur, de parole ou de geste, de quoi sera-t-il puni?*

R. De deux ans de prison, destitué et déclaré incapable de servir dans les armées françaises ; et s'il y a voie de fait, puni de mort.

D. *Tout militaire qui sera convaincu d'avoir frappé son subordonné, sera-t-il destitué, puni de trois ans de prison?*

R. Oui, et déclaré incapable de servir dans les armées françaises, si ce n'est pour maintenir dans les rangs ceux qui fuiraient devant l'ennemi.

D. *S'il y a révolte contre les supérieurs, la*

peine de la désobéissance combinée est-elle à l'égard de ceux qui l'ont suscitée ?

R. Oui, d'être punis de mort, et ceux qui l'ont partagée, d'être condamnés à dix ans de fers.

D. *Tout commissaire des guerres qui sera convaincu de n'avoir pas dénoncé un délit dont il aurait eu connaissance, sera-t-il destitué de son emploi ?*

R. Oui, et déclaré incapable d'être appelé à aucune fonction civile ou militaire.

DE L'EXÉCUTION DES JUGEMENS À MORT.

D. *La condamnation à la mort, s'exécutera-t-elle militairement ?*

R. Oui, comme il suit :

D. *Combien de sergens, de caporaux et de fusiliers sera-t-il commandé ?*

R. Il sera commandé quatre sergens, quatre caporaux, et quatre fusiliers, les plus anciens de service pris à tour de rôle dans la troupe du prévenu, autant que faire se pourra, sinon toujours dans la troupe présente sur les lieux où l'exécution devra se faire.

D. *Comment les placera-t-on ?*

R On placera ces douze militaires sur deux rangs : ce sont eux qui sont chargés de faire feu sur le coupable quand le signal leur en sera donné par l'adjudant.

D. *Ou se fera l'exécution ?*

R. Elle se fera sur une place indiquée à cet effet, en présence de la troupe du prévenu, lorsqu'elle sera sur les lieux, qui sera rangée en bataille et sans armes, sinon en présence de la troupe qui aura fourni les tireurs.

D. *Y aura-t-il toujours un des juges du tribunal présent à l'exécution ?*

R. Oui, ce sera celui qui aura appliqué la loi.

D. *Un piquet de cinquante hommes en armes sera-t-il commandé, pour conduire le coupable au lieu de son exécution ?*

R. Oui, la gendarmerie sera également commandée quand il y en aura : l'un et l'autre seront chargés, sous les ordres du commendant, de veiller au maintien de l'ordre et de la police qui doivent régner dans ses sortes d'exécutions.

EXHORTATION.

Braves marins, qui donnez l'exemple de tant de bravoure, en servant sous un gouvernement légitime, où il existe les plus belles institutions; en parcourant ces mers, vous bravez tous les dangers, pour enrichir notre commerce, et faites fleurir notre industrie, qui tous les jours fait des progrès rapides.

Courage, braves marins (1), commandés par des chefs expérimentés. Dans quelques années par votre habileté et votre bravoure notre marine sera la plus florissante de l'Europe. Parmi un si grand nombre d'hommes, il y a quelque fois des êtres immoraux, qui oublient leurs devoirs, au point que très-souvent, engagent leurs camarades à commettre de grandes fautes, c'est parce qu'ils ne connaissent point les peines qu'ils encourront, en les commettant; lisez donc dans ce livre vos articles, réfléchissez, et obéissez à vos chefs : c'est le seul moyen

(1) Marins invincibles qui parcourez ces vastes mers,
Jusqu'au bout du monde, et chez cent peuples divers;
Tels que des conquérans si nobles et si augustes
Ne craindront jamais les ennemis les plus robustes.

de bien servir son Roi et sa patrie ; se faisant remarquer par sa bonne conduite, on avance promptement en grade.

DES DÉLITS ET PEINES MARITIMES.

D. *Quelles peines pourra-t-on infliger aux matelots et officiers mariniers ?*

R. On ne pourra leur infliger, comme peine de discipline, que celles ci-après dénommées :

Le retranchement de vin, qui ne pourra avoir lieu pendant plus de trois jours;

Les fers seulement avec un anneau au pied ;

Les fers avec un anneau et une petite chaîne traînante ;

Les fers sur le pont, au plus pendant deux jours et une nuit ;

La peine d'être à cheval sur une barre de cabestan, au plus pendant trois jours, et deux heures chaque jour ;

Celle d'être attaché au grand mât, au plus pendant trois jours, et deux heures chaque jour.

D. *Tout homme coupable de trahison ou d'une intelligence perfide avec l'ennemi, sera-t-il condamné à la mort?*

R. Oui, et si quelque malheur était la suite de ses mesures, il sera exécuté sur-le-champ à bord du vaisseau.

D. *Tout matelot ou officier marinier coupable d'avoir fait une blessure dangereuse, aura-t-il la cale?*

R. Oui, sans préjudice de la réparation civile réservée aux tribunaux ordinaires.

D. *Tout officier coupable d'avoir maltraité et blessé un homme de l'équipage, sera-t-il interdit de ses fonctions?*

R. Oui, et mis en prison pendant le temps déterminé par le conseil de justice, suivant la nature du délit, sans préjudice, dans le cas de blessures dangereuses, de la réparation civile réservée aux tribunaux ordinaires.

D. *Tout pilote côtier coupable d'avoir perdu un bâtiment quelconque de l'Etat ou du commerce, lorsqu'il s'était chargé de sa conduite, et qu'il avait déclaré en répondre, si c'est par négligence ou ignorance, à quoi sera-t-il condamné?*

R. Il sera condamné à trois ans de galères; si c'est volontairement il sera condamné à la mort.

D. *Tout homme, sans distinction de grade ou emploi, coupable d'avoir volé à bord, des effets appartenant à quelque particulier, sera-t-il frappé de douze coups de corde au cabestan ?*

R. Oui, en cas de récidive, il courra la bouline.

D. *Tout homme coupable d'un vol avec effraction, d'effets appartenant à des particuliers, soit à bord, soit à terre, sera-t-il condamné à recevoir la cale ?*

R. Oui, en cas de récidive, il sera condamné à six ans de galères.

D. *Tout homme coupable d'avoir volé, en tout ou en partie, l'argent de la caisse du vaisseau ou de telle autre caisse publique, déposée au bord du vaisseau, à quoi sera-t-il condamné ?*

R. A neuf ans de galères.

D. *Tout homme coupable d'avoir volé à bord, de la poudre, ou d'avoir recélé de la poudre volée, à quoi sera-t-il condamné ?*

R. A trois ans de galères.

D. *Tout homme coupable d'avoir volé ou tenté de voler de la poudre dans les soutes aux poudres, à quoi sera-t-il condamné ?*

R. A neuf ans de galères.

D. *Tout vol d'effets quelconque fait à bord d'une prise, lorsqu'elle n'est pas amarinée, sera-t-il regardé comme un vol d'effets particuliers ?*

R. Oui, et l'homme qui s'en sera rendu coupable, sera frappé de douze coups de corde au cabestan.

D. *Tout homme coupable d'avoir dépouillé un prisonnier de ses vêtemens et de les avoir volés, de quoi sera-t-il frappé ?*

R. De vingt-quatre coups de corde au cabestan.

D. *Les dégats commis à terre par les marins, seront-ils rangés dans la classe des délits emportant peine afflictive ?*

R. Oui, s'ils excèdent la valeur de douze livres ; ils seront punis, en ce cas, de douze coups de corde frappés au cabestan, outre la restitution des dommages civils.

Tous autres dégats au-dessous de cette valeur, seront soumis aux peines de discipline.

PROJET

D'UN ÉTABLISSEMENT POUR LES DÉTENUS LIBÉRÉS.

Si l'homme réfléchissait aux peines qu'il va subir en commettant un crime, et au déshonneur qu'il fait éprouver à sa famille, il ne commettrait point de fautes. Que l'on en juge d'après ce qu'on rapporte journellement dans les journaux : les crimes qui se commettent tous les jours sont en partie commis par des individus sortant des galères ou des prisons. Cette classe d'hommes ne peut plus rentrer dans la société, parce que leurs parens refusent de les recevoir, crainte de se déshonorer. Voilà donc des hommes abandonnés de tout le monde, et qui ne trouvent pas de quoi exister, ce qui les porte à commettre de nouveaux crimes.

Les exemples frappans que nous en avons tous les jours, le prouvent : à Troyes en Champagne un forçat libéré a assassiné deux jeunes filles, et blessé plusieurs personnes ; un autre à Rouen, n'ayant point été reçu par ses parens, et n'ayant point trouvé d'occupations, vu que tout le monde fuit la société de ces gens-là, fit une tentative de vol pour se faire arrêter, et on l'arrêta ; il fut mis en jugement ; n'y ayant point de preuves pour le condamner, on le mit en liberté. Avant de sortir du tribunal il supplia M. l'avocat du roi de le conserver en prison, au moins pour y passer l'hiver, et pour qu'il pût exister.

Enfin, tout récemment un détenu libéré a été trouvé ; il a supplié les autorités de sa commune de le mettre en subsistance dans une prison, vû qu'il mourait de faim. Quelles réflexions ne doit-on pas faire quand on pense que tous les ans il sort des prisons une foule d'individus qui ont fini leur temps, et qui se répandent dans les départemens ; la plupart d'entr'eux n'ayant aucun moyen d'existence, et n'osant rentrer chez leurs parens, crainte d'être mal reçus.

Ce sont ces mêmes hommes qui ne savent que devenir, qui commettent de nouveaux crimes. N'existerait-il pas un moyen d'éviter tant de malheurs ?

Voici, selon moi, ce que l'on pourrait faire, sauf les esprits plus éclairés que moi à examiner si mon projet peut être exécuté.

Il existe une commission pour l'amélioration des prisons, dont S. A. R. Monseigneur le Dauphin est le président. Il est certain que depuis que cette commission est établie, les prisonniers en sentent une amélioration sensible; mais il faudrait aussi trouver un moyen, pour la sureté publique, d'empêcher qu'il se commît d'autres crimes, lorsqu'ils sortent de leurs malheureuse position; car il est certain que la plupart de ces individus qui sortent des prisons sans aucun moyen d'existence, s'ils rencontraient à l'écart un membre de cette honorable commission, qui se serait donné tant de peines pour leur procurer du soulagement, serait une première victime de la barbarie de ces malfaiteurs.

Voici, dis-je, ce que l'on pourrait faire: avoir un local spacieux dans l'intérieur de la France, même deux, si le cas l'exigeait; on y établirait différens ateliers, pour que chaque individu pût y trouver de quoi s'y occuper. Ceux qui n'auraient point d'état y tresseraient de la paille pour la fabrication des chapeaux, sorte d'ouvrage qui se fait dans les prisons, où ils gagnent ordinairement vingt à trente sous par jour. Cette maison serait dirigée par un concierge et par un aumônier, pour y dire la messe, ainsi que par des sœurs de la charité qui les mènent dans les devoirs de la religion, et surveillent cet établissement. (1) En un mot, tout ce qui serait utile à leur existence, serait fourni par la commission des prisons, sur les fonds que les personnes charitables répandent journellement, et notamment notre auguste famille royale qui ne cesse de faire des dons considérables pour ces sortes d'établissemens. Que l'on juge, d'après ce que l'on donne pour le soulagement des hommes enfermés, qui ne peuvent vous faire aucun mal, ce que l'on donnerait pour sauver sa tranquillité et même souvent son existence. Je dis donc que la moitié de ce que la commission donne pour les prisons serait répandu pour ces sortes d'établissemens.

D'après cela il y aurait des chefs d'ateliers

(1) A la prison du fort du Haà à Bordeaux, il y a des sœurs de charité qni donnent beaucoup de soins aux malheureux prisonniers, notamment sœur Catherine qui soir et matin fait répéter les prières aux prisonniers, pour les maintenir dans les devoirs de la religion, et qui jour et nuit est sur pied pour porter des soulagemens à ceux qui peuvent en avoir besoin. Il serait a désirer que cet exemple fut suivi dans toutes les prisons des grandes villes.

pour y surveiller les ouvriers ; ainsi le produit de la main-d'œuvre de ces mêmes ouvriers, servirait à leur subsistance.

Voici ce que l'on devrait faire pour que les prisonniers, qui sortent des galères ou des prisons, fussent admis dans cet établissement : la commission chargée de la police des prisons, écrirait aux parens des prisonsonniers, avant leur sortie, pour savoir s'ils sont dans l'intention de les recevoir ; qu'ils doivent être mis en liberté à telle époque, et quel est le moyen de leur existence. Après la réponse, si les parens veulent les recevoir, les individus leur sont renvoyés, et toujours sous la surveillance de la haute police. Si, au contraire on les refuse, alors n'ayant aucun moyen d'existence, on les dirige sur l'établissement ; avec un passeport exprès, avec lequel ils ne peuvent point s'écarter de leur route.

Je me trouverais heureux si cet avis pouvait servir à sauver des malheureux, et à préserver de grands malheurs qui arrivent journellement. J'aime à croire que les personnes bien nées s'empresseront, pour leur sureté personnelle, à faire quelques sacrifices pour la réussite d'un pareil établissement.

RÉFUTATION

Envers ceux qui écrivent contre la religion.

Les journaux ne sont remplis que de jugemens rendus contre une foule d'individus qui écrivent et mettent au jour de mauvais livres, c'est-à-dire, qui, par leurs écrits injurieux, finissent par corrompre non seulement les mœurs, mais même les personnes qui ont le malheur de les lire. Où existent donc ces hommes pervers, qui, en cherchant à parodier la religion chrétienne, veulent, par leur incrédulité, la tourner sans dessus dessous? Quels sont leurs desseins? Veulent-ils imiter leurs chers confrères qui se disaient des hommes de génie, et qui, dans le commencement de la révolution, n'avaient cessé de fabriquer des ouvrages impies contre Dieu et leurs disciples, afin de démoraliser les peuples? Qu'en est-il résulté? Une révolution. Quels bénéfices en ont-ils retirés? La mort.

Je crois que c'est ici le lieu de répondre à quelques-uns de ces êtres corrompus qui ont voulu déprécier la religion chrétienne. Est-il permis, après tant de siècles

qu'elle existe de chercher à la détruire?
Eh quoi! cette loi sainte, la plus pure, la plus naturelle et la plus vertueuse de toutes, cette loi que les grands écrivains ont peinte comme la première merveille du premier homme, cette chaste et divine majesté de la grandeur des vérités éternelles et de l'immensité de la vertu suprême, qui ravit la jeunesse vertueuse, et soulage la vieillesse sédentaire, serait à déprécier! Massillon, Bossuet, Fléchier ne pensaient pas ainsi, lorsque dans leurs écrits immortels ils épuisaient sur ce sujet les trésors de leur imagination. Ces morceaux, lorsqu'on les lit, retrouvent ou réveillent dans nos cœurs le besoin des plaisirs simples et purs.

Enfin, que demandent-ils ces hommes impies qui n'ont ni foi, ni loi, ni religion; je vais tâcher de le deviner. Il existe une loi contre les voleurs des vases sacrés, qui doit les faire frémir; mais rien ne fait à des hommes corrompus; c'est ce qui fait que très-souvent encore on voit des vols d'église. Mais ces vols ont un but; ce n'est point à Dieu, ni à la religion qu'ils en veulent, c'est à l'argent.

En voici une preuve: au lieu de calice,

de ciboire et d'ornemens* d'églises qui ont une grande valeur, remplacez ces mêmes objets en bois ou en ferblanc, il n'y aura plus de vols commis dans les églises.

Avant la révolution il y avait des couvents sous le nom de *Capucins* : on n'entendit jamais dire que l'on eût volé dans leurs églises, vû que tout ce qu'elles renfermaient était en bois.

On punit de mort tout individu qui a volé des vases sacrés ; il le mérite sous tous les rapports. Mais croit-on que les personnes qui méprisent, soit le Tout-Puissant, soit la religion, que par ce moyen ils ne se rendent pas plus coupables que les voleurs des vases sacrés ? Je vais prouver qu'ils se rendent plus coupables que les voleurs des vases sacrés, oui, dis-je, et même plus criminels, puisque leur but est de détruire leur religion.

Après cela on dira qu'il existe beaucoup de malfaiteurs. Cela vient des livres impies qu'on répand dans toutes les contrées, et qui bouleversent les esprits au point que ni la crainte de Dieu, ni la justice des hommes ne fait aucune impression à ceux qui les ont lus. C'est là le poison mortel qui, se répandant sur la terre, produit l'affliction dans les âmes, l'amertume dans les cœurs, la désolation dans les familles, la ruine dans les provinces, la décadence dans les empires. Voilà, mes chers lecteurs, les libelles que répandent ces esprits faux et superstitieux. Mais quel bonheur de pratiquer la vraie religion! Oui, dis-je, la religion de l'Evangile éclaire l'esprit, perfectionne le cœur, règle la morale publique, ramène les peuples à la pratique de leurs devoirs, et prépare le règne paisible de la justice et des lois.

Voilà cette religion que Dieu a gravée dans le cœur de l'homme, que le philosophe et le citoyen pratiquent dans le silence.

« La raison, dit Confucius, est une émanation de la divinité; la loi suprême n'est « que l'accord de la raison et de la nature: « toute religion qui contredit ces deux guides « de la raison humaine, ne vient point du « ciel; cette religion de l'Evangile commande « l'obéissance à l'autorité, et les soumissions « aux lois. »

Le Roi, tolérant par principe et par sentiment, protège toutes les religions et tous les cultes. S. M. sait que toutes les institutions, quelleque soit la différence de dogmes, sont les fondemens les plus surs de la morale sociale. Cette tolérance que l'Evangile consigne, que la philosophie proclame, enchaîne la supertition, et fait chérir les lois saintes de l'humanité. Que les catholiques aient leurs églises, les protestans leurs temples, etc., l'état social ne sera point troublé par ces dissentions religieuses, qui enfantent les haines et les persécutions. Le Dieu de la nature aime et reçoit les hommages, les voeux et les prières des hommes de tous les climats, de toutes les religions. L'habitant des bords du Nil et du Gange lui est aussi cher et aussi précieux que le prêtre qui est assis sur le trône pontifical. il est le père de tous, comme tous sont ses enfans et ses héritiers.

Ah! si ces principes de l'Evangile et de la raison eussent été connus et annoncés par des apôtres de paix et de consolation, la terre n'aurait pas été couverte de crimes et arrosée du sang humain!

La religion est le premier ressort des lois politiques et civiles; elle est la pierre angulaire de l'édifice social; elle imprime aux lois un caractère de force et de majesté, puisqu'elle en recommande au peuple l'observation, et qu'elle lui ordonne d'obéir aux puissances qui exercent l'autorité. La religion est le supplément des lois ; elle prend l'homme où les lois l'abandonnent; elle frappe où les lois ne peuvent l'atteindre, dans les ténèbres de la nuit, dans le secret de ses foyers, dans le sanctuaire de sa pensée ; dans l'impunité dont le couvre la suprême puissance ou le silence des lois ; et c'est ainsi qu'elle devient la plus sure garantie de l'ordre public. Sans la religion, la liberté dégenère en licence, le pouvoir en despotisme ; on obéit aux lois par crainte : la force fait des esclaves, la religion fait des sujets.

Qu'ils sont coupables et insensés ces novateurs modernes qui veulent séparer la religion du système politique d'un État !

Tous les législateurs de l'antiquité ont reconnu la nécessité et la sagesse de cette union ; ils ont regardé son influence dans le gouvernement et dans la législation, comme essentiellement nécessaire et indispensable ; ils ont établi les lois fondementales de la religion sur l'ordre naturel, politique et civil. La société doit son instruction à la nature, sa perfection aux lois. Les lois de la nature et de la politique ne peuvent recevoir leur onction et leur force que de la religion. L'intervention de cet ordre si heureux et si salutaire, a produit les malheurs des nations, l'anarchie des sociétés et les crimes des révolutions.

Quels exemples frappans n'avons-nous pas eu d'après tous les crimes qui, dans la révolution s'étaient commis dans notre malheureuse patrie, et, si aujourd'hui nous jouissons d'une paix qui nous fait oublier tous nos malheurs, nous le devons au retour de notre sainte religion, et au monarque chéri qui nous gouverne. C'est surtout chez les peuples éclairés des lumières du christianisme que la religion a une union intime, et des rapports continuels avec l'ordre politique et social. Cette union doit être intime et sacrée, et de cette heureuse communication naissent la paix des empires et les vertus des peuples.

Mais rassurons-nous : sous un gouvernement constitutionnel et paternel où les lois s'améliorent de jour en jour; après tant d'années de souffrance, de malheurs et de crimes, cette secte d'athées, qui se répand dans l'État, et répand ses écrits séditieux, comme ces insectes qui reparaissent après un orage:

non, elle ne détruira point dans l'âme du peuple ces sentimens religieux que la nature y a placés, que la religion y a fortifiés, et que l'habitude y a réunies. Ces sentimens garans de la sureté publique et consolatrice de l'espèce humaine, se conserveront malgré les efforts d'une secte impie, plutôt par intérêt que par opinion, qui ne veut pas de culte, parce qu'elle ne veut point de religion, et qui ne veut pas de religion parce qu'elle ne veut point de morale, qui ne veut, ni culte, ni morale, ni religion, parce qu'elle ne veut rien qui s'oppose à sa domination, et qui résolue de tout détruire pour s'élever sur toutes les ruines, voudrait briser tous les liens sacrés qui retiennent les peuples dans le devoir et l'obéissance, pour les rendre factieux, et profiter d'un bouleversement, pour prêcher avec impunité sa doctrine sacrilège et ses dogmes pervers.

Le Roi sage et religieux réprimera l'audace de ces novateurs séditieux, qui veulent briser tous les ressorts de l'ordre social, et priver l'État de cette garantie morale qu'il trouve dans les opinions religieuses de ses sujets.

D'après cela on sait combien l'éducation

a été négligée ; et voilà la cause de cette immoralité, qui éteint toutes les vertus et produit tous les crimes qui affligent la société.

La jeunesse, témoin des crimes et des malheurs de notre malheureuse révolution, victime expiatoire de nos convulsions politiques, n'a vu que des tombeaux et des ruines, et la société ne lui a présenté que les tombeaux de discordes et de malheurs. Au milieu de cette dégradation, des principes de componction et de mort, se sont associés au premières idées sociales qu'on lui a inspirées, et ce poison circulant dans ses veines, en a fait des hommes pervers.

Ce sont encore ces mêmes hommes, qui, par leurs écrits, voudraient aujourd'hui troubler l'esprit de notre brave jeunesse. Mais ils n'y réussiront point. Sous un Monarque légitime et très-chretien, qui chérit les sciences, les arts et les belles-lettres, et protège les institutions destinées à y recevoir une éducation, qui les mettra à l'abri de commettre aucune faute. L'éducaeation influe sur les actions, les caractères et les moeurs des peuples ; la nature forme le caractère ; mais l'éducation le développe.

C'est elle qui dispose de ce germe naissant, elle secondera ou trahira les vices de la nature, elle formera un mortel vertueux ou un homme méchant.

O brave jeunesse, qui existez sous le gouvernement le plus policé de l'Europe, ne laissez point tomber en vicissitude cette politesse et cet esprit chevaleresque qui vous a toujours fait admirer, et rechercher de toutes les cours des puissances étrangères, ainsi que des meilleures sociétés, et méprisez ces écrits scandaleux qui ne peuvent que troubler vos esprits, et vous causer de grands malheurs.

L'HONNEUR.

Dans les états où les fautes que les individus commettent sont personnelles, il s'y commet plus de crimes que dans les royaumes où l'honneur est regardé comme le principal devoir de l'homme. En France, l'honneur est le premier héritage qu'un père donne à ses enfans. Les français ne peuvent rien faire sans honneur; ils sont très-sensibles au déshonneur. Promettre quelque chose à quelqu'un : c'est toujours sur leur parole d'honneur. On dit, cet homme est un homme d'honneur. Cet officier a servi avec honneur. L'honneur passe richesse. Il vaut mieux mourir que d'être déshonoré. On voit une infinité de personnes se donner la mort plutôt que de perdre l'honneur ; on voit aussi tous les jours dans les journaux des hommes qui ont été condamnés à des peines infamantes, demander à S. M. la grâce de commuer leurs peines en une prison perpétuelle, plutôt que de déshonorer leurs familles et leurs parens. Ces malheureux ont bien raison ; car, lorsqu'une famille est déshonorée, elle ne peut se présenter dans aucune société ; elle est dans la plus vive douleur ; elle ne peut cacher ce malheur, vû que tous les journaux font mention de tous les jugemens qui se font en France.

Que cet avis serve de leçon, tant aux pères et mères, pour l'instruction de leurs enfans, et apprenne aux enfans à bien se conduire.

L'IVROGNERIE.

Dans les passions que l'homme est susceptible d'avoir, l'ivresse en est une qui est très-dangereuse. Combien d'individus voit-on s'enivrer au point, qu'en sortant des maisons où ils ont trop pris de boisson, chemin faisant se perdent passant près d'un précipice, ou d'une rivière, se noyent. D'autres cherchent querelle à leurs familles, et font mauvais ménage; d'autres enfin, cherchent dispute à leurs voisins ou à des passans qui n'entendent point la plaisanterie, finissent par se battre. Ils reçoivent ou donnent quelque mauvais coups qui sont souvent mortels; on les arrête: traduits devant les tribunaux; condamnés à des peines infamantes, qui les déshonorent; ainsi que leurs familles. La justice ne punit point l'ivresse, mais bien l'homme qui a le malheur d'avoir cette passion.

O malheureux, que ne buvez-vous de l'eau pendant toute votre vie, plutôt que de vous exposer, en vous enivrant, à perdre votre réputation, et celle de votre famille, et surtout votre existence!

O malheureuse liqueur, quel poison pour les êtres qui ne savent se modérer!

DES MOEURS PUBLIQUES.

Sans moeurs, il ne peut y avoir ni patrie, ni lois, ni justice, ni bonheur. La morale est aussi nécessaire à l'humanité que les grandes forces de la nature à l'harmonie de l'Univers.

Un peuple corrompu perd ses droits et son indépendance, s'asservit lui-même, et se prépare des fers honteux qui perpétuent sa misère et sa servitude. Sans moeurs, la législation n'est qu'un vain ouvrage des arts. Les lois toutes seules feront des esclaves ; mais les lois unies avec les moeurs, formeront des hommes libres et des sujets vertueux. N'oublions jamais qu'avec les moeurs, les lois peuvent tout, et sans moeurs, elles ne peuvent rien. Les moeurs fortifient, les bonnes lois, suppléent aux lois insuffisantes, et corrigent les mauvaises.

Des calamités publiques, des guerres malheureuses peuvent mettre en danger le gouvernement ; mais, s'il y a des moeurs, il ne doit craindre, ni les maux de l'anarchie, ni les attentats de la rébellion ; affermi sur ces maximes inébranlables ; il bravera les fureurs des révolutions, et les invasions des conquérans; sa force et sa puissance en imposeront à ses ennemis; son existence politique ne périra jamais, il gouvernera l'Europe, et commandera aux autres nations.

La Grèce fut brillante et heureuse sous les Solons, les Licurgues, les Pélopidas. Le luxe de Periclés, les vices de Pisistrate, les débauches d'Alcibiade, les cruautés de Nabis, la tyrannie de Périade, préparèrent sa destruction.

Rome, gouvernée par les Camilles, les Fabricius et les Catons, présenta le spectacle majestueux de la gloire, et de la grandeur. Les richesses de Crésus, les crimes de Scylla, le faste de Lucullus, l'ambition de César, enfantèrent les factions, les guerres civiles, l'esclavage, et la ruine de l'empire romain.

Sous un gouvernement constitutionnel, gouverné par le meilleur des rois et régi par des législateurs éclairés qui, par des mœurs, feront règner un ordre parfait et consolant, la justice et la morale se fortifieront, s'embéliront, et affermiront les lois du Royaume.

DE LA JUSTICE ET DE L'INJUSTICE.

La justice est une vertu publique qui assure le bonheur des peuples, et garantit la durée des empires. Sans justice les États périssent, les nations se dégradent : il n'y a plus de sujets ; ni de patrie ; il ne reste que des esclaves

Que cette vérité soit gravée sur des tables d'airain, sur les murs du palais du gouvernement, sur la tribune du législateur et dans le sanctuaire des lois. Qu'elle soit cette alliance auguste qui doit unir tous les membres du corps social. Qu'on n'oublie jamais que la justice est une émanation de la Divinité, qu'elle est de tous les temps et de tous les lieux, qu'elle surnage à travers les siècles, qu'elle ne varie jamais au gré des événemens et des orages politiques, et qu'elle fait la gloire, la force et le bonheur des administrations des empires, et des législateurs des nations.

L'homme injuste est un homme faux qui n'est point digne d'être employé dans aucune administration du gouvernement. Que l'homme soit juste, il fera des heureux ; mais s'il est injuste, il en fera des pervers.

DE LA NATURE.

La nature conduit tout ce qui existe à sa dissolution : rien ne peut changer les destinées des empires ; ainsi que l'homme ils passent de l'enfance à la jeunesse, de la jeunesse à l'âge mûr, de l'âge mûr à la vieillesse, de la vieillesse à la mort. Rien ne peut suspendre cette marche lente et insensible. A peine sont-ils arrivés à ce point de prospérité, de grandeur et d'ambition qui fixe les regards et l'admiration des hommes, qu'un bras caché semble les pousser violemment vers leur décadence. Envain, luttent-ils dans le cours des âges contre la destinée qui les presse. Ils sont nécessairement forcés de devenir la proie du temps qui précipite dans les tombeaux les générations, leurs lois, leurs institutions, et ces monumens superbes qui semblent braver les siècles, et promettre l'immortalité. C'est ainsi que tout finit dans ce vaste univers.

TABLE DES MATIÈRES.

FIN DE LA TABLE.

www.ingramcontent.com/pod-product-compliance
Ingram Content Group UK Ltd.
Pitfield, Milton Keynes, MK11 3LW, UK
UKHW020348230726
13925UKWH00003B/1027